肖潇·编著

女人高情商接话

苏州新闻出版集团
古吴轩出版社

图书在版编目（CIP）数据

女人高情商接话 / 肖潇编著. -- 苏州 : 古吴轩出版社, 2025. 3. -- ISBN 978-7-5546-2596-5

Ⅰ. H019-49

中国国家版本馆CIP数据核字第2025AM9971号

责任编辑：蒋丽华
见习编辑：赵 卓
策　　划：程向东
封面设计：言 成

书　　名：女人高情商接话
编　　著：肖 潇
出版发行：苏州新闻出版集团
　　　　　古吴轩出版社
　　　　　地址：苏州市八达街118号苏州新闻大厦30F
　　　　　电话：0512-65233679　　　邮编：215123
出 版 人：王乐飞
印　　刷：水印书香（唐山）印刷有限公司
开　　本：670mm×950mm　1/16
印　　张：12
字　　数：132千字
版　　次：2025年3月第1版
印　　次：2025年3月第1次印刷
书　　号：ISBN 978-7-5546-2596-5
定　　价：49.80元

前言

PREFACE

接话，是一门沟通的艺术，而沟通少不了问答，往往以一问一答的形式贯穿整个沟通的过程，因此如何机智地回答对方的问题便成了接话的关键。接话的方式能够很大程度上体现一个人的涵养和魅力。虽然，有时候对方提出的不是问题，而是观点，不过回应的原则还是一样的，就是要在保障沟通流畅的基础上，尽可能多地展示自己的机敏和智慧。

在现今的社交场合中，会接话的女人是一种独特的存在，她们的话语如春风拂面，温暖人心，给人以鼓励和希望。所谓的“高情商”，指的是她们总能在对话中敏锐地捕捉到对方的情绪需求，用温暖而富有同理心的话语给予回应。这些技巧不仅能帮助你化解尴尬，还能使你在人际交往中游刃有余，赢得他人的尊重和喜爱。

每一次接话既可能是一次成功的机遇，也可能是一次失败的经验。当练习过无数次之后，你会发现，高情商接话在现代的社交场景中真的很有必要。面试时，如果你比别人回答得更好，可能就会比别人更容易得到机会；工作中，如果你比别人回答得更令人满意，可能就比别人拥有更大的晋升空间；生活中，如果你比别人回答得更有分寸，可能就会和他人更亲密；商业领域中，如果你的回答能够令客户更加信服，可能就会在竞争中胜出。

接话是一门语言艺术，是沟通的关键组成部分。而沟通是一个双向互动的过程，这不仅仅是最起码的交际需要，也是沟通得以继续的保证。接话有术可以彰显你的个人魅力，提高你的社交能力，可是为什么有人能做到对答如流，而你却总是不知道该怎样回答别人呢？

不必总是羡慕别人对答如流、妙语横生，其实，接话并没有那么难，人人都可以成为谈话高手。真理总是简单的，智慧总是质朴的。本书言简意赅，书中的应答思维和回答技巧将助你一臂之力，帮助你将自己的经验和知识自如地运用到接话环节，以彰显出你独特的魅力。

本书结合经典案例进行剖析，将回答的技巧与思维贯穿于本书始末，既使读者对接话的思维流程形成整体的认知，又针对现实问题，总结了各种经验技巧，以帮助读者解决实际问题，实实在在地提高接话的能力。

总而言之，本书虽然属于口才类书籍，但内容更偏重于解决生活和工作中的实际问题。而问题的根源就在思维模式上，因此更注重接话的逻辑思维的养成。很多问题并不需要你给出正确的答案，而在于你用什么方式去回答。再进一步说，方法与技巧是死的，思维却是活的。面对不同的人、不同的场合，学会灵活运用接话的技巧，就是本书所能给予读者的珍贵礼物。

最后，无论你是什么身份，扮演着什么角色，都希望你能够认真阅读本书，提高自己的接话能力，在生活和职场中越来越游刃有余，无论遇到什么难题都能从容彰显个人魅力。

目录

CONTENTS

第五章 懂得变通的女人不会被问倒

第六章 以柔克刚，摆平职场沟通难题

第一章

成熟的女人不打无准备之仗

好好接话，你准备好了吗

▶ 回答问题就如同用刀，动刀之前你得先学会用刀。有些人回答问题就像一名刀客，防守时密不透风，反击时坚实有力；而有些人则拿着刀，将自己弄得满身是伤。

美国著名谈判专家荷伯·科恩与妻子去墨西哥城旅游时，妻子对他说道："我看到那边好像有什么东西在闪光！"

"我们不去那儿。"荷伯解释道，"那是一个专门欺骗旅游者的商业区。我们来游玩是为了领略一种不同的文化风俗，如果你想进那商业区的话，你去吧，我会在旅馆里等你。"

妻子走后，荷伯独自朝旅馆走去。这时一个当地土著小贩披着几件披肩毛毯，对他呼喊："1200 比索！"

荷伯说："朋友，我确实敬佩你的主动、勤奋和坚持不懈的精神。但是，我不想买披肩毛毯，请你到别处卖吧。你能听懂我的话吗？"

然而，土著小贩一直跟着他，价格也是一降再降。直至荷伯怒气冲冲地对土著小贩说："我告诉你我不买！别跟着我了！"

土著小贩从荷伯的态度和声调中听懂了他的话，说："好吧，你胜利了，200 比索！只对你！"

“你说什么？”荷伯问道。

“200比索！”土著小贩重复道。

“给我一件，让我看看。”

经过一番讨价还价，最终披肩毛毯的成交价是170比索。

荷伯回到旅馆房间，发现妻子已经回来了，正躺在床上读杂志。

“嗨，看我弄到了什么？”他有点得意。

“你弄到什么了？”她问道。

“一件漂亮的披肩毛毯！”

“多少钱？”妻子顺口问道。

“是这么回事……”荷伯充满信心地讲述了他只花170比索就买到了这件披肩的事。

妻子听后笑道：“太有趣了，我买了同样一件，花了150比索，在橱窗里。”

这个小故事是美国著名谈判专家荷伯·科恩在其《人生与谈判》一书中记叙的一次自身的教训。故事中的土著小贩虽然不是谈判专家，却说服了一个国际型谈判专家。那么，他是怎样做到的呢？

土著小贩之所以能够说服荷伯，主要原因就在于他做了充分的准备。很明显小贩对于向游客兜售产品非常有经验，虽然荷伯怀有警惕之心，但在应对策略方面，显然并没有做好充分的准备。因此，小贩能说服谈判专家购买自己的产品，也就不足为奇了。

应答作为串联沟通环节的纽带，往往能成为沟通过程中的点睛之笔。特别是对交际场中的女性来说，任何一个展现自身魅力的机会都十分重要，一句话令人惊艳，就能让自己的人缘直线飙升。而现实中，当我们惊叹于某人机智幽默、知识面颇丰、对答如流的时候，却往往容易忽视他们为这些应答都积累了哪些知识和做了哪些准备。

人的大脑储存的信息是有限的，我们无法做到对任何问题都能迅速从大脑中找到所需的资料，并做出完美的回答。但是，我们可以锻炼自己的思维，提高对不同场合可能会出现的问题的预见性，并针对主要难点做好充分的准备。

当对方一提出婚礼的话题时，我们就应该想到礼物和红包。机智幽默的应答，源自经验的累积和充分的准备，哪些场合会遇到哪一类问题，我们是可以提前做出判断，并提前准备的。例如：休假回家，父母亲朋会问的问题有哪些？不外乎工作、婚姻、孩子等。

回答问题就如同用刀，动刀之前你得先学会用刀。有些人回答问题就像一名刀客，防守时密不透风，反击时坚实有力，而有些人则拿着刀，将自己弄得满身是伤。就像荷伯·科恩一样，谈判专家也不是无所不能的，也需要不断完善自己，不断在生活中学习，从实践中学习，而这一切，都需要我们提前准备。

对答如流，让准备成为习惯

▶ 不管对方提出什么问题，只要我们时刻准备进入状态，就能留给大脑反应的时间，从容不迫地应对。

有一次，某医美器械厂的女厂长与外国客户关于引进设备生产线的谈判已经顺利结束，正式签约定在了第二天。

女厂长陪同客户进入生产车间进行参观，参观时这位女厂长突然接到了一通催缴欠款的电话，没说两句便对着手机破口大骂。这一幕恰好被外国客户看到了，让客户感觉浑身不自在。

外国客户思考了一夜，最终他让翻译给那位女厂长送去了一封信。信中说："恕我直言，一个厂长的信誉和修养可以反映工厂干部们的管理素质。况且，我们今后要生产的是用在顾客身体上的东西，容不得半点马虎。请原谅我的不辞而别……"

一笔已谈成的生意，就这样被女厂长的一场咒骂破坏了。

案例中这位女厂长的教训不可谓不惨痛，这也说明行为习惯是多么重要。好习惯可以让人更容易把握住机会，坏习惯也会破坏自己的形象。回答问题也是如此，只有让准备变成习惯，我们才能在遇到各种难题时应对自如。另外，虽然语言是回答问题的主要途径，但一个人的行为、动作、表情等，都会影响回答的效果，甚至可以代替语言进行回答。

习惯的力量是不容忽视的。如果我们在回答问题时能习惯性地做好准备，就能把问题回答得更加圆满，在各种场合更好地展现自身的魅力。但是，如果你对某个话题没有做好回答的准备，那么最好不要轻易开口，避免他人误解，造成不良后果。例如：

邻居："不好了！不好了！"

孩子母亲："怎么了？"

邻居："你家孩子在马路上玩球，一辆大卡车过来，你孩子……"

听到这里，孩子母亲差点晕倒，焦急地问道："我孩子怎么了？"

邻居："你别着急啊，我还没说完呢。你孩子差点被撞到，幸好有人及时把他抱开了！"

这种问答方式，不免让人担心，如果孩子妈妈承受不住打击住进医院，这后果由谁来承担呢？虽然邻居是好心，但这种回话方式，实在太欠考虑，显然事先没有做任何的准备。哪怕只是简单陈述一下事实"你孩子差点被车撞了，幸好及时被人抱开了"，都不会给孩子妈妈造成过大的心理冲击。

回答没有固定的模式，交流的过程中，别人也不会事先通知你他要提出的问题，当你将提问发言权交给别人时，就要做好应对各种问题的准备。尤其是当你在很多人的面前回答问题，甚至是一对多的情况时，你就会明白准备的意义。也只有平时多积累这方面的经验，才能准备得更加充分，回答得更加从容。

下面，就让我们简单分析一下回答问题的流程。

（1）预见问题，早做准备。根据场合、环境及相关主题，提前准备好可能会被问到的问题。

（2）认真倾听，确定对问题的理解是正确的。

（3）了解对方提问的目的。例如：对方是要表达自己的兴趣；想得到更多关于某方面的信息；为消除某一疑虑，提出另一种观点；想出风头；等等。

（4）回答问题的方式。能够直接回答的问题，直接回答；无法直接回答的问题，日后回答；重复的问题，换个角度回答。

对于现场回答而言，有时会被问及一些不好回答的问题，或者涉及隐私的问题，我们都要学会规避。对于某些故意找茬的问题，可以礼貌地还击。另外，不管对方提出什么问题，都要注意时刻保持笑容，这样可以让心态保持从容，做出恰当的回答。

保持冷静，情绪也需要准备

▶ 控制情绪并不是压抑情绪的表达，而是时刻保持冷静，用理性的思维来思考问题。虽然我们无法抹杀负面情绪，但是可以试着用正面的情绪来取代它。

有一个男孩儿，脾气很糟糕。他的妈妈送给了他一袋钉子，对他说：“每次你发脾气或跟人吵架了，就在院子的篱笆上钉一根钉子。”

第一天，男孩儿钉了37根钉子。后面的几天，他逐渐学会控制自己的情绪，每天钉钉子的数量逐渐减少。

他发现，控制自己的情绪要比钉钉子容易得多。

终于有一天，他一根钉子都没有钉，他高兴地将这件事告诉了妈妈。

妈妈说：“从今天开始，如果你一天都没有发脾气，就拔掉一根钉子。”

一天一天过去，终于篱笆上的钉子被男孩儿全拔光了。

妈妈带他来到篱笆边上，对他说：“儿子，你做得非常好，但是你看篱笆上的洞，这些洞永远也不可能恢复了。你无法控制自己的情绪，与人吵架，说了些难听的话，就像这些钉子洞一样，你在他们心里留下了永远无法愈合的伤口，无论你怎么道歉，伤口总是在那儿。”

冷静才能让人更加理智，才能将问题回答好，才能让沟通回到正轨。现实生活中，并不是所有问答都尽如人意，尤其是面对那些令人恼火的提问时，多数人都无法保持冷静。除此之外还有一些别有用心的提问者，提出问题的目的就是让你失去理智，好让他们接下来对你的攻击顺理成章。

上面的小故事中，妈妈用正确的方式帮助儿子学会控制自己的情绪。俗话说，“泥人尚有三分火气”。情绪是人们很难控制的不稳定因素之一，大家都知道冷静对处理问题有好处，可往往事情落到自己头上，就很难控制自己的情绪。即便是善于回答各种问题的演讲家，同样也会有各种消极情绪，只不过他们善于控制自己的情绪，让自己保持理智。

因此，在应对那些有可能出现的能引起你强烈不满或发火的问题时，回答之前的积极准备是十分必要的。只要做好了充足的应答准备，在面对这类问题时，就不会出现情绪失控的场面了。那么，回答问题之前，在管理情绪方面要怎样去准备呢？

（1）意识控制。当面对让人气愤的提问，情绪即将爆发时，我们要学会用意识控制自己，提醒自己保持理性。

（2）自我鼓励。尝试用某些哲理或名言来进行自我鼓励，将问题往好的方面想。

（3）环境调节。经常到户外环境好的地方走一走，不妨多爬爬山，多呼吸一下新鲜空气。大自然是最佳的情绪调节器。

（4）自我安慰。当内心情绪不佳时，可以找一个理由来安慰自己。这不是自欺欺人，相反，这对缓解情绪很有好处。

（5）转移目标。当火气上涌时，我们可以有意识地转移目标问题来分散注意力。

几乎没有人可以永远保持冷静，人总有不理智的时候，我们要做的是尽量最大限度地保持冷静，不要轻易动怒。要知道，提问的人不会像家人那样迁就你，以你为中心。因此，作为回答者，我们要多站在对方的立场上思考问题，不能一遇到难以回答的问题就发火。

女性魅力，就在一问一答间

▶ 会接话的女人就像一个充满正能量的发光体一样，和她在一起总能感到轻松舒适。在人际交往中，女性的吸引力很多时候是通过发挥情绪价值来体现的，而情绪价值不仅是简单的情绪表达，还包括细腻的情感触觉和共情能力，为他人提供情感上的支持和满足。

妻子正在做家务，忽然手机响了，于是她打开手机查看是谁发来的消息。这时丈夫恰好回来了，看见妻子一手拿着拖把，一手拿着手机，丈夫有点不高兴地说道："难道你连做家务的时候也要刷手机吗？"

妻子知道丈夫可能误会了，但她没有过多解释，而是微笑着答道："不，我只是刷手机的时候也不忘做家务。"

听了妻子的回答，丈夫凝重的脸上露出了笑容。

俗话说，"巧妇难为无米之炊"，应答更是如此。临场应变能力很重要，但做好充足的准备更重要。相信很多人都有过被人"问倒"的经历，回过头仔细想想，发现自己原本可以给出更加完美的回答。当时被"问倒"的主要原因就在于，问与答之间，留给我们思考的时间太少了，有时甚至少到思考时间只有几秒钟而已。因此，如果我们平时多积累、多练习，对于某些公开场合的问答，能够做一些有针对性的准备，就会让我们的回答更出彩。

对很多问题来说，其实重要的不是答案，而是我们的回答方式。为什么这么说呢？我们在尝试回答别人的提问的时候，有些问题可以直接回答，而有些问题则不能直接回答，比如涉及隐私等问题，但这并不代表我们不能给出一个精彩的回答。而往往这类问题，才是真正考验我们的智慧、彰显女性魅力的时候。

晚饭时，母亲突然问女儿："今年不准备出去旅游了？怎么没有听你说旅游的事？"

女儿抬头看了看母亲，发现母亲虽然是在问她，但目光却看向了丈夫。丈夫听到这问话，不由自主地停止了咀嚼。

女儿瞬间明白了母亲的意思，说道："我听他说最近工作比较忙。要不，让他跟您说吧。"说完后，她给丈夫递了个眼色，丈夫也心领神会。

上面这段问答，做岳母的想要让女婿拿主意，又没明说，然后问女儿。如果这时候女儿不懂得察言观色，没有听出母亲的弦外之音，就有可能造成误会。对话中，女儿很聪明，让丈夫来回答母亲的问题，皆大欢喜。

无论是经验的积累，还是知识的积累，其实都是对回答问题的一种准备。这里，我们着重说一下对于特定场景或特定问题的针对性准备。

“闺女，交男朋友了吗？”

28 岁的未婚女孩婷婷休年假回家，刚进门，迎接她的就是妈妈这样的一句问话。

“刚处没多久，还处于了解阶段！”

婷婷在回家之前，就提前想到了回到家将要被问到的问题，并做好了回答预案。

准备回答内容时，针对性非常重要，也就是说要考虑对方会问哪些问题，自己要怎样回答，对方会表达一种怎样的观点，我们自己要借助回答达到怎样的目的……思考这些问题，将有利于我们充分地准备回答环节。不要小看这一问一答，往往女性魅力就在这一问一答之间体现。

进阶攻略

每种问题都有相应的回答方式

▶ 当我们回答别人提出的问题时，回答得精彩与否并不在于遣词造句多么优雅，而在于我们的回答是否能巧妙地接住对方的提问，并抛出更多有趣的信息。只有掌握每种提问的回答方式，才能在各种场合游刃有余。

厂长为了显示他对员工生活的关心，特地办了一次参观员工食堂的活动。在食堂里，他看到两名炊事员正站在一个大汤锅前。

“这汤的味道如何？让我先尝尝！”厂长说道。

“可是，厂长……”炊事员连忙进行解释。

“没什么‘可是’，给我勺子！”厂长打断炊事员的解释，抢过勺子喝了一大口，紧接着怒斥道，“这是什么汤？太不像话了，怎么能给员工喝这个？这简直就是刷锅水！”

炊事员回答道：“厂长！我正想告诉您这是刷锅水，没想到您已经尝出来了。”

回答问题除了要注意方式、方法外，语气也很重要，人们往往会对那些做出流利、幽默、风趣回答的人给予更高的评价。就如同上面的例子一样，厂长问得急，炊事员答得妙，如果炊事员回答得结结巴巴，一顿训斥是免不了的。

俗话说，“知己知彼，百战不殆”。想要做到对答如流，除了上面谈到的因素外，了解提问的艺术、掌握提问的方式以及抓住提问者的心理需求，也是好好接话的法宝。下面就让我们来简单了解一下提问都有哪些方式。

1. 封闭式提问

封闭式提问可以用“是”或“不是”、“有”或“没有”、“对”或“不对”等简单词语来回答，例如：

“你现在心情好吗？”

“你感到紧张，对不对？”

通常封闭式提问会用“对不对”“会不会”“要不要”等形式提出，将答案压缩在一定范围内来获取特定信息，事实上属于选择性回答，或针对某个特定的点来展开讨论。

这种提问方式易于回答，节省时间，但难以得到问题以外的更多信息，且具有较强的暗示性，不利于真实信息的获取。当然，回答问题时也要注意，不要被提问者利用人的惯性思维，用一连串的封闭式提问“带进沟里”，从而让自己变得被动。

2. 开放式提问

开放式提问通常包含“什么”“怎么”“为什么”等词语，让回答者对相关问题给予较为详细的回答。这也是常用的一种提问方式，可以引导回答者讲出更多的相关的情况、想法等。

开放式提问无法用简单的“是”或“否”来回答，例如：

“你认为这款产品质量不好的原因是什么呢？”

“你为什么要对这件事情负责呢？”

此类提问的作用是更深入地了解回答者的行为、感受和想法，进而找出问题的成因，激发交流的愿望。开放式提问没有固定的答案，不具有暗示性，且易于获取真实的信息，因此开放式提问经常被用于企业的调查问卷。

回答开放式提问，对回答者的逻辑判断能力、语言组织能力和表达能力都有较高的要求，需要耐心的思考和冷静的分析。

3. 祈使式提问

祈使式提问可以用“是”或“否”来回答，实际上是为了引起回答者对情感、想法或问题进行更详细的讨论的一种提问方式。祈使式提问通常用“你能……”“你愿意……”等形式开头，例如：

“你能谈谈对这件事的看法吗？”

“如果你是国足教练，你愿意谈谈你会怎样做吗？”

祈使式提问从表面上看，只是问回答者是否愿意作答，实际上它是所有提问中最开放的，这种提问方式能促使回答者给出最详细的信息。

回答者通常在双方没有充分建立交流信任前采用“是”或“否”来回答。这种提问方式最常见于采访过程中，回答这种方式的提问，很考验回答者对问题的预见性、准备情况以及临场应变能力。

4. 间接式提问

间接式提问又叫隐含式提问，常常用“我对……感到好奇”或“你肯定……”来开头。例如：

“我对你的创业计划感到好奇，你能详细讲讲吗？”

“你肯定对 ××× 的某些行为有一些想法和见解，对吧？”

通常，间接式提问会出现在双方建立充分交流的基础上。回答这种方式的提问，除了要冷静思考之外，还要尽力避免问题中出现的恶意引导，同时要警惕“言多必失”的情况。

5. 投射式提问

投射式提问是指用某种假设为开始的一种提问方式。例如：

“假如你中了 500 万元人民币的彩票，你会怎样分配？”

“假如现在你可以实现自己的三个愿望，你最希望要什么？”

这种提问通常是为了避免出现尴尬局面而常用的提问方式。回答这类问题，回答者要避免受到提问者引导，进入无意识回答或部分能意识到的回答模式。

不论回答哪一种问题，即使你已经弄清楚了提问者的问题类型，也不要过于着急地回答，一定要先组织一下自己的语言，保证提问者能够听懂你的回答。要知道，回答不是炫耀你的知识有多么渊博，而是要让提问者听清楚你回答的内容。尤其不要在连自己都有疑问的地方，使用肯定的语气，除非100%肯定自己没有错，哪怕你有1%的不确定，也不要用这种方式来应答。

第二章

善于倾听的女人最有吸引力

光听清楚还不够，还要听明白

倾听过程中，单单听清楚提问者的字面意思，并不算有效倾听。只有在倾听过程中，分析出提问者想得到的答案，听出预先没有考虑的问题，这样才算是良好的、有效的倾听。

一位顾客走进一家涂料店，与涂料店老板娘发生了下面这样一段对话。

顾客：“如果出了质量问题怎么办？”

老板娘：“你是指涂料本身出问题，还是涂料刷在墙上后效果有问题？”

顾客：“这有区别吗？”

老板娘：“当然有区别，涂料只是半成品，任何一个施工环节都可能影响施工质量。”

顾客：“区别在哪里？”

老板娘：“涂料喷刷要考虑施工环境、涂料配比、工人水平等因素。如施工环境不好，天气过热；涂料配比不合理，水放多了；工人水平问题，刷墙技术影响喷刷效果……在这些情况下，就不能说是涂料质量有问题吧？”

顾客："如果涂料本身质量出了问题怎么办？"

老板娘："如果涂料质量真有问题，包换或退货。"

顾客："那好，这3种涂料，每样给我来2桶。"

案例中老板娘并没有在听到"如果出了质量问题怎么办"这个问题时直接给予回答，而是对"出了质量问题"进行了深入的询问，采用了一个选择性提问去求证，并在沟通过程中，一一解答了顾客的疑惑，从而促成了一笔交易。

听到提问者提出问题后便急于回答，是我们日常回答问题时最容易出现的情况。那么，我们要怎样养成良好的应答习惯呢？

1. 质疑

对任何问题我们都不能想当然，只停留在问题的表面，要多保留几分质疑。例如：

女人问："这件裙子适不适合我？"

显然，这个问题不适合直接回答"适合"或者"不适合"，我们需要质疑的是，女人是真心关注裙子，还是在意减肥效果、你对她的态度等方面，如果不能了解女人提出这个问题的真正意图，那么任何回答都可能是错误的。

2. 耐心

耐心主要体现在两个方面：一是别人的提问可能比较零散或混乱，

问题的逻辑性不是很强；二是对方提出的问题可能不是那么友好，或者是你无法接受的。如果对方提出的问题只是逻辑性不强，我们就要鼓励对方把话说完；如果别人的提问是你无法接受的，也要试着耐心将问题听完，然后再做反击。

有时提问者可能会因回答者的气场或态度变得胆怯或害羞，这时，作为回答者，即便你是某个领域的专家，也要表现出你希望知道得更多，比如用微笑、点头等动作，告诉对方你正在专心地倾听。

抓准对方动机，不要以己度人

▶ 女人最怕被人说空有一副好面孔，却没有与之相配的内涵，这在接话中常常表现为以己度人，胡乱臆测对方的动机。每个人都有自己独特的立场及价值观，我们在接话时要抓准对方的动机，站在对方的立场思考每一句话，这样有助于双方互相理解，从而促进有效沟通。

有一位女主持人现场采访一名小朋友："你长大后的理想是什么呀？"

小朋友天真地回答："我要当飞机驾驶员！"

主持人又问："如果有一天你驾驶的飞机飞在天上，所有引擎都熄火了，你该怎么办？"

小朋友想了想，说："我会告诉坐在飞机上的人系好安全带，然后挂上我的降落伞先跳出去。"

现场观众顿时笑得东倒西歪，主持人却继续注视着这个孩子，没想到这个孩子流出了眼泪。主持人发现，这个孩子绝不是自作聪明，于是她继续问："为什么要这么做？"

小朋友的回答透露出了他的真挚想法："我要去拿燃料，我还要回来！我还要回来！”

有效倾听，是有效回答的前提，也是有效沟通的重要环节。每个人因年龄、环境、性格等因素的影响，对同一个问题往往会有着不同的认知，这就要求我们在回答问题时，不仅要注意倾听，还要善于站在他人的立场去思考问题，分析提问者的动机，不要轻率地用自身的价值观做评判。

这一点，在孩子与大人交流时体现得尤为明显。作为成人，在思维模式上会惯性地用金钱去衡量价值，而孩子则爱用喜欢与否来衡量价值，因此经常会出现下面的场景：

妈妈：“新买的玩具你就送人了？你知道这花了多少钱吗？”

孩子：“可那是我的好朋友，他也送给我礼物了！”

妈妈：“一个破纸飞机，就换了你这么贵的一个玩具，你为什么这么傻？”

孩子：“那不是破飞机，那是我们一起做的！上面的花纹，也是我们一起画的呢！”

我们可以不认同对方的价值观，但在回答问题时，不能只用自己的价值观去做评判；如果这样做，回答就会变成辩论甚至吵架，让沟通无法进行下去，那么回答也就变成了无效回答。

如何通过倾听判断出对方提问的动机，并分析出对方提问的主要意图呢？

（1）集中精力，不要边听边做其他的事情，将注意力集中在要点上。

（2）不要打断对方，等对方陈述完问题后再做回应。

（3）目光直视提问者，不要看其他地方。

（4）听不清楚的地方可等对方问完后明确指出来，不要不懂装懂。

（5）可以适当做笔记，尽量询问一下对方关注的重要问题。

（6）不要假装没听见，也不要混淆视听。

另外，倾听有狭义倾听和广义倾听之分。狭义倾听指的是仅凭听觉器官接收语言信息，通过思维活动达到认知、理解的过程；广义倾听包括文字交流，观察对方的肢体语言、微表情等方式。因此，有效倾听不仅要用我们的耳朵来听，还要学会用眼睛、大脑和心来“听”。

专注的倾听就是最温馨的回答

▶ 女人最大的性格优势就是温柔。接话不一定要回答得特别精彩，只要温柔倾听对方的话题就能令对方感到满足。倾听对方的发言时，一定要避免做出让人感觉你的思绪在游走的举动。让对方感觉到你确实是在认真地倾听比你精彩地接话更重要。

某4S店有一位女店员，今年的销售业绩在全体店员中排到了第二名，销量与第一名只有一辆之差。

下午，一位顾客来买车，这位女店员像往常一样，用她高超的口才向顾客推销汽车，眼看就要签单了，对方却放弃了购买。

对于这位顾客的放弃，女店员怎么也想不明白问题究竟出在哪里。当天深夜，女店员忍不住给那位顾客打了电话："先生，您为什么不买我的车呢？是不是我哪里做得不够好，引起了您的不满？"

"现在已经是深夜了。"对方不耐烦地回答道。

"我知道，真的很抱歉，但我想做一个比别人更好的推销员，您愿意指出我的不足吗？"女店员诚恳地问道。

顾客："真的？"

女店员："绝对！"

顾客："好，那你在听吗？"

女店员："非常专心！"

顾客："但是今天下午你并没有专心听我说话。"

原来，顾客在当天下午本来已经决定购买她的车了，但是在签单时犹豫了。因为在沟通过程中，顾客提到了自己想要带妻子和儿子自驾游，并询问她怎样装饰自己的爱车才能使车内空间看起来更温馨。但是，这位女店员当时表现得丝毫不感兴趣，甚至在一边准备收钱，一边跟另外一位店员说悄悄话。

任何人都希望自己能赢得他人的尊重，提问者也是如此。当提问者提出问题时，他们希望对方能够认真倾听，因为认真倾听会带给提问者受重视、被尊重的感觉，这会拉近双方之间的心理距离，对双方的进一步沟通十分有益。

案例中，女店员这次营销的失败，原因就是没有专注倾听。这也说明，专注的倾听本身就是一种最好的回应。日常生活中，我们也抱怨过有些人总会提出一些难以回答的问题。让我们认真反思一下，到底是问题难以回答，还是我们没有做到认真地倾听呢？事实上，多数情况属于后者。

想要达到令人满意的倾听效果，需要注意以下几点。

1. 保持专注

无论对方身份如何，在倾听对方提问时，都要注视对方的眼睛，如果你看着其他地方，即便你在认真听，都会让提问者错以为你没有认真听。

2. 不要做其他事

比如玩手机、与他人交头接耳等，此类行为不仅是不专注的表现，同样也是不尊重提问者的表现。

3. 不随意打断别人

当提问者提出的意见与自己的观点不同，或者听到提问者的话语中有对自己不利的倾向时，立即打断对方，这种做法不仅很没礼貌，而且会影响自己的形象及自己观点的表达。正确的做法是先认真听，等对方陈述完之后，再有针对性地做出回答。

4. 适当中断

虽然打断别人的提问是一种很不礼貌的行为，但“乒乓效应”则属于例外。什么是“乒乓效应”呢？“乒乓效应”是指我们在倾听过程中，适时地提出一些切中要点的问题或发表一些意见和看法，响应对方的提问。这种技巧可以让提问者感受到你对他的问题感兴趣，也能让你对问题有一个更透彻的了解，以便于更好地回答。

专注于倾听别人的提问，会给自己赢得几秒钟的思考时间，便于我们回顾提问者提问的内容，分析总结出其关注的重点。只有专注地倾听，我们才能将注意力集中在对方提问的重点内容上，才能在回答问题的时候，给予对方清晰的信息反馈，从而确保自己理解的意思与对方一致。

另外，在对方提问时，针对某些特殊场合或情况，我们可以适当引导提问者，比如说一些鼓励性的话语，向对方表示我们正在专注地听他的问题，鼓励他继续问下去，避免沟通出现冷场。当然，也可以引导提问者问出自己想要回答的问题，包括自己想要阐述的观点。例如：“你对某事还想知道哪些内容？”

需要注意的是，倾听时，切记不要做下面的举动：一直看表，心不在焉地乱翻，随手乱写乱画，摆弄手机等。这些举动会让提问者感到你很厌烦，对话题不感兴趣，不愿意接话。更重要的是，这表明了你并没有集中注意力，而注意力分散很可能还会漏掉提问者传达的一些有效信息。

让人把话说完，切勿先入为主

女人的魅力与沟通习惯有很大的关系。高情商的女人总能善解人意，而不是先入为主。在明知对方需要的是倾听而不是建议的时候，如果你还是忍不住反驳，那么再好的接话技巧也没有用处。

一位妈妈带着她 4 岁的儿子，陪同她父亲一起去春游。

儿子对妈妈说："妈妈，我口渴了！"

妈妈从包里拿出两个苹果，对儿子说："你一个，给外公一个。"

没想到儿子将两个苹果拿到手后，分别咬了一口。

妈妈心里很不是滋味，狠狠地瞪着儿子。

"妈妈……"儿子有话想说，但妈妈立即打断，严厉地说："我平时怎么教育你的？你怎么可以这样自私？"

儿子的泪水在眼眶中打转，想要说话却不敢，小嘴紧紧地抿着。

外公看到后，拉着孩子的手，微笑着问道："乖孩子，告诉外公，你为什么将两个苹果都咬上一口？"

孩子满脸童真地说："因为……因为我想把更甜的一个给外公。"

外公脸上笑开了花，母亲既为孩子的懂事感到骄傲，又为自己刚才武断地下结论感到羞愧。

我们每个人在生活和工作中，都犯过类似这位妈妈的错误，不等别人把话说完，就武断地下了结论，结果反而是自己错了，不仅造成场面上的尴尬，还给人留下不好的印象。而且，这种错误总是重复上演，有些人将其归结为“我这人性格直，有啥说啥，容易得罪人”。事实真的是这样吗？

不等人将话说完就武断地下结论，这种行为其实是自己在没有听清问题时，就已经在主观上认定了对方的观点是错误的，然后根据自己的价值观对对方进行打断、批评，了解事实真相后，又感到后悔。因此可以说，我们学会说话只要几年，而懂得沉默却要几十年。

认识到错误，并能及时道歉很值得称赞，但这种称赞并不表示你可以重复犯类似的错误。回答问题时更是如此，一定要等提问者将问题和观点陈述完整后，再决定如何回应对方。大多数情况下，我们说得越多，反而错得越多，不如学会闭嘴，学会倾听。

倾听之所以在回答过程中必不可少，主要有以下三点原因。

（1）回答问题之前，你是提问者的听众。如果在提问者没有阐述完观点之前，你抢先回答，谁来当听众呢？倘若没有听众，那么，提问与回答也就失去了意义。

（2）回答问题需要思考。回答问题之前，如果没有时间用来思考，就很难领会提问者的话语内涵。

（3）回答问题前的倾听，是消化问题的过程。回答问题也需要领悟，倾听是消化别人观点的最佳途径。

那么，学会倾听为什么这么难呢？专家指出，倾听最困难的地方在于需要放弃自己的立场。例如：

太太说："某邻居刚换了一辆轿车。唉！我们什么时候也能换一辆新车？"

先生想发表自己的观点，但想了想还是忍住了，因为他在努力学习有效倾听。

太太接着说："算了，看你现在的收入……估计也没希望。"

先生终于按捺不住："什么叫没希望啊？以后的事你怎么知道……"

上面的对话中，尽管先生已经努力倾听，但终究，他还是下意识地站在了自己的立场。生活中，尽管我们总是说自己在听，但我们只是在头脑中思考在对方提问之后我们要说的内容，而不是真正去听对方在说什么。这也是我们花了几年的时间才学会说话，却要花上几十年的时间学会闭嘴的原因。

练习倾听技巧时，无论对方的提问有多么荒谬可笑，无论你是不是不理解甚至是厌恶对方的提问，你都要学会忍住辩驳的冲动，只给出反馈式的回答。那么，什么是反馈式回答呢？举个例子：

某人抱怨工作时间长、加班多、收入低，而且领导脾气不好。

反馈情绪的回答："你是不是觉得自己没有被重视，挺生气的？"

反馈观点的回答："你是不是觉得挺不公平的，收入和能力不成正比？"

反馈内容的回答："你们公司的工作环境和待遇是不是不太好啊？"

掌握倾听的技巧看上去非常简单，但实际做到却很难。说到底，最有效的办法就是要从思维习惯上入手，克制自己，当倾听变成一种习惯的时候，你接话的能力就会发生质的改变。

进阶攻略

答案就隐藏在对方的问题之中

▶ 接话要想接得精彩，首先要认真倾听对方说的话，然后再寻找合适的时机，给出或实或虚、或大或小的应答。接话不一定要文采斐然，但一定要反应敏锐、恰当得体。

有位女作家参加中美作家会议，在闲聊时，一位美国诗人向她出了一个谜语："把一只鹅装进一个瓶口只有鹅脖子细的细颈瓶中，请问怎么把鹅取出来？"

那位女作家想了想，说道："您怎样把鹅放进去，我就怎样把鹅拿出来。您如果能凭一句话就把鹅放进去，我就能凭一句话把鹅拿出来。"

美国诗人听了开怀大笑，对女作家赞不绝口，并称她是第一个猜中这个怪谜的人。

女作家的回答巧妙而又得体。在人际交往中，难免会遇到像这样棘手的问题需要给出应答。对于这种情况，首先要冷静，默读对方的问题，调动自己的全部智慧，在问题中寻找答案，恰到好处地给出快捷而巧妙的应答。

大多数情况下，我们在回答对方的提问时其实不必舍近求远，只要顺着对方的问话，从对方的问题中找到关键词，然后结合自己的实际情况，或软或硬、或逆或顺、或大或小、或点或面地给出坦诚而机智的回答。例如：

问题1：“你谈的问题都挺新，看来你主张‘喜新厌旧’？”

答：“是这样。我国有一位著名学者说，除了自己的爱人和文物之外，对什么都应该‘喜新厌旧’，否则社会就不能发展。”

问题2：“爱情和理智有关系吗？”

答：“有。当你被爱情纠缠住的时候，你千万不要失去理智；当你被爱情抛弃的时候，你可千万不要忘记法制。”

问题3：“你怎样看一毛不拔的人？”

答：“一只猴子死了，在阎王面前要求来世托生为人。阎王说要托生为人，毛必须全拔掉，于是叫小鬼来拔毛。刚拔，猴子就叫起来了。阎王说：‘你一毛不拔，何能为人也？’”

问题4：“你说什么时候谈恋爱最合适？”

答：“当理智能控制你的时候。”

问题5：“你是否认为扭屁股是一种美？”

答：“看你怎样欣赏。鲁迅先生说，同一部《红楼梦》，不同人看能得出不同结论。扭屁股要全身运动，我看至少能舒筋活血。”

面对他人的提问，首先想到寻找答案并没错，毕竟回答问题不就是给出一个应对它的答案吗？不过，答案是如何得到的呢？我们的头脑中装着很多已知的知识，包括从书本上看到的、亲身经历的等。面对提问时，我们的惯性思维就是在自己头脑的已知中寻找答案，也就是说在面临问题时，我们的注意力全部集中于在自己头脑中的搜寻和分析过程中了。

当然，还有一种截然不同的回答问题的方式，那就是让自己的头脑处于“空无”的状态中，也就是说，将自己的注意力放在问题本身。这样，不是在追寻答案，而仅仅是在探究问题本身，不会被个人观点所局限。

所谓问题即答案，只要专注于对问题本身进行逻辑分析，很快就能找出最符合当下情境的答案。那么如何分析呢？可以在心里默默问自己以下几个问题。

1. 你需要解决的问题是什么？

有时对方提出问题并不是为了让我们回答是或不是、知道或不知道，而是引导我们说出与之有关的更多的信息。那么这时，我们就要觉察并界定对方提问的本质是什么，进而决定用事实还是用感觉回答，用名词还是用形容词回答……

2. 你为什么要回答这个问题？

明确了问题是什么，我们才能知道这个问题有没有现实意义，需不需要认真回答。许多时候闲聊性质的问题是不需要认真回答的，这时只要用玩笑应付过去便好。但是有些问题是对方蓄谋已久的，这时就需要我们认真辨别当前的语境，分析对方的意图，然后再根据各种情况可能带来的影响决定要不要回答这个问题。

3. 你希望对方听到你的答案后做出怎样的回应？

弄明白对方的意图之后，你需要判断对方的提问是善意的还是恶意的，并设想出你想让自己的答案达到怎样的效果，是想让对方感到欣慰还是想一语震慑对方。如果是前者，你需要顺着前两步的分析，给出对方想要的答案。但如果是后者，最好的震慑方式无疑是，先赞同对方的观点，让对方以为自己的目的达到了，然后再给出反其道而行的解释，给对方一个意想不到又合情合理的反转，这样最能令人折服。

总之，在回答问题之前，我们首先要发现问题。当你将注意力集中于问题本身时，思绪完全游走在各种可能的接话方案上，经过辨析之后得出的答案，当然会与众不同。

第三章

接话有原则，彰显女性魅力

真实原则：坦诚回答，赢得认同

如果说口才是女人高情商接话的必要条件，那么真诚则是接话的基础原则。有些问题只要坦诚回答就好，这些问题通常没有标准答案，提出这类问题一方面是为了考验一个人的逻辑思维能力，另一方面也是为了考验他看待问题的态度。

一位公主骑着马在路上走累了，想去旅店休息一下。她刚把马拴在门外的树上，旁边的一个大汉就对她说："你不要把马拴在这儿，我的马性子烈，会把你的马咬死！"

公主瞧不起大汉，一脸不高兴地说："我喜欢把马拴在这儿，不用你多管。"

公主说完后，就走进了旅店。可是没多久，一阵凄惨的马叫声传了出来，大汉和公主一看，只见两匹马正在搏斗。他们急忙跑过去想把马拉开，但是已经迟了，公主的马倒在地上，不一会儿就死了。

公主愤怒地将大汉告到法官那里，要求大汉赔她的马。法官问大汉："是你的马将公主的马咬死的吗？"

大汉没回答。

法官又问了好多次，大汉始终像没有听见一样，不作答。

法官无可奈何地对公主说："这个人又聋又哑，怎么办呢？"

公主着急地说："不，他会讲话！法官先生，刚才他还同我讲话了。"

法官问："是吗？他刚才说了些什么？"

公主说："他对我说不要把两匹马拴在一起……"公主一说完，就发现这句话不该讲出来，但为时已晚。在法官的追问下，公主只得吞吞吐吐地说："他说他那匹马性子烈，会把我的马咬死。"

"他曾经劝过你，可是你不听，还能怪他吗？"法官回答。

平时的生活和工作中，回答问题一定要秉承真实原则，其实许多问题也没有刻意说谎的必要，例如"你结婚了吗""你做什么工作"等问题，如实回答就好。回答问题时坚持真实原则，表明的是一种坦诚的态度，而这种坦诚的态度往往比你的回答更有说服力。

每个提问者都希望自己的问题能够得到如实的回答，但是，是不是只要真实地回答问题，就能令人信服呢？答案是"不一定"。以上面的故事为例，如果大汉一开始就向法官陈述自己的观点，为自己辩驳，即便他说的是事实，法官采信的概率也不大。于是，大汉对法官"是你的马将公主的马咬死的吗"这个问题采取了不回应的方法，然后借助公主的嘴，说出了事实真相，让法官相信事实就是如此。

回答问题既要坚持真实原则，同时也要注意表达技巧，否则就会出现下面的情况：

"这件事是你做的吗？"

"是的。"

“就凭你，也能做成这件事？”

“我说实话，怎么就没人信呢！”

所以，当遇到类似问题时，不要急于与对方展开针锋相对的辩论，时刻保持平和的心态，才是真正有信心的表现。

佳怡参加某报社面试。面试官问：“你说你爱写作，可是在你填写的表格里的自我评价一栏，我发现两处语法错误，现在没有多余的表格，你该怎么办？”

佳怡吃惊不已，填表时已经十分细心了，怎么会出现这样的低级错误呢？没时间考虑，只能边想边答了：“如果真的存在这种情况，我将在表格后面附上一张更正说明，指出某某地方出现了语法错误，实属填表人粗心大意，特此更正，并向各位道歉。”

佳怡顿了顿，继续说：“在我发出更正说明之前，我想知道自己哪些地方错了，我不愿意错误地发出一张更正说明。”

原来，这是面试官设置的最后一道考验。最终，佳怡顺利通过了面试。

在自信的基础上如实地回答，才是最有诚意的回答。这样的回答，不仅体现出一个人的逻辑思维，还能体现出一个人做事的态度。通过坦诚的回答，将自己做事的态度传达给对方，这样更容易赢得他人的认同。

直接原则：正面回答，简洁有力

▶ 女人最怕自己的话说得软弱无力，以至于无法赢得对方的尊重。然而，当我们礼貌地回答问题时，并不代表我们的回答没有力度。要想在沟通中掌握主动权，你需要诚恳的态度和足够的自信。

一位年轻女性被提拔为银行总裁。这次晋升让她倍感意外，欣喜之余未免有些担心，她还没有做好心理准备。于是她主动找到前任总裁，也是现任董事会主席，求教说："正如您所知道的那样，我有幸担任总裁这一职务，这真是一个艰巨的任务，我非常希望您能根据自己多年的经验，给我一点儿建议。"

前总裁微微一笑，说道："做正确的决定。"

年轻总裁希望得到更进一步的建议，于是说："您的建议对我很有帮助，能得到您的建议我很荣幸，但能否说得更详细一点儿呢？我真的不知道该怎样做出正确的决定。"

前总裁依然惜字如金地回答道："经验。"

年轻总裁依然很困惑，再次问道："这就是我今天来求教您的原因，我不具备经验，而您具备，我该如何获得这些经验呢？"

前总裁爽朗地笑道："错误的决定。"

生活中，你有没有被拖泥带水的回答困扰过呢？例如，一个简单的问题，明明可以直接说出自己的想法或答案，他们偏偏要在前面加上一大堆空话、套话，就是说不到问题的点上，让听者非常不痛快。

对于那些明确的问题，我们要坚持直接原则，正面回答问题，做到干脆有力。以上面案例中的前总裁为例，她面对年轻总裁的提问，心中非常清楚对方想要什么答案，给出的回答也十分简洁、直接、明了。前总裁用“做正确的决定”“经验”“错误的决定”三个简洁有力的回答，让年轻总裁明白经验是从错误的决定中得来的，一方面表达出了她对年轻总裁的信任，另一方面也表达了“年轻人，放手去干吧”的意思。

运用直接原则回答问题时，需要注意以下几点。

1. 直接回答

直接回答指的就是回答知道或不知道，具体该怎么办。这种回答方式体现的是对提问者的尊重，尤其在回答很严肃的问题时，直接回答可以保证沟通的效率，避免在问题的铺垫上浪费时间。

2. 注意条理

直接回答问题一定要注意逻辑分明，条理清晰。例如，顾客问销售人员：“你们都有什么服务？”销售人员可以这样回答：“我们有 × 种服务，分别是……不知道您需要哪方面的服务？”这样的回答条理清晰，能让人听得很明白。

3. 以问代答

直接原则也不是绝对的，很多时候我们无法避免一些怀有恶意的提问。当别人的提问是以让我们难堪为目的时，我们可以采用以问代答的回答技巧。例如：

一位女作家因写了一部细腻优美、感人肺腑的言情小说而出名。在一次签售会上，有个人当众羞辱她说："你的作品写得很好，不过，我想请问是谁帮你写的呢？"

然而，女作家只是愣了几秒，就从容不迫地答道："谢谢你对我作品的夸奖。不过，我也想请问是谁帮你看的呢？"那个人顿时红起脸来，人群里爆发出热烈的掌声。

总之，面对别人的提问，如果是能够回答的问题却顾左右而言他，刻意不正面回答，就会引起别人的反感。因此，面对可以回答的问题时，最好直接给出答案或阐述观点，这样才能保证沟通顺利进行，体现出你的诚意，赢得对方的好感。

谦虚原则：越擅长的问题，越要谨慎回答

女人需要自信，但又不能过于自信，特别是回答自己擅长的问题时，更不能表现得骄傲自满。骄傲是无知的别名，自满是智慧的尽头。保持清醒的头脑并能认知自己的优点和缺点，对问题进行细致而缜密的分析，才能给出近乎完美的答案。

小张开了一家装修公司，想要为公司做一个广告。经朋友介绍，小张认识了广告设计方面的资深人士李女士，便向李女士询问自己公司应该怎样做广告。

小张问："李老师，您是广告设计方面的专家，从事广告设计20多年了，我的公司想做广告，您能给我一些建议吗？"

李女士说："我对广告设计较为熟悉，经验也有一些，我想先了解一下，您想给什么产品做广告？"

小张说："我们是装修公司，想做装修方面的广告，应该安放在哪些地方比较有效果呢？"

李女士说："装修方面的广告，最好放在新开发的楼盘周边。"

小张接着问："要多大的广告版面呢？"

李女士回答说："这个没什么限定，您可以根据广告费来决定广

告版面的大小，其实只要能够把您的信息传递出去，就达到宣传的目的了。”

俗话说，“虚心竹有低头叶，傲骨梅无仰面花”。案例中李女士的回答就十分谦虚严谨。面对小张的提问，李女士先问了小张想要做什么广告，了解了小张的需求点，才回答小张应该在哪里做广告，做多大版面的广告。李女士并没有因为自己是广告设计的专家就大谈专业知识，因此她的这种回答方式，就是有效的回答。

被问题难住无法作答的人很多，回答自己擅长领域的问题时吃亏的人也不在少数，为什么会出现这种现象呢？从心理学角度来说，当别人提出的问题恰好属于自己擅长的领域时，人往往会在虚荣心的驱使下口若悬河，滔滔不绝地大讲专业知识，不在意对方是否听得懂，以至于自己的回答最后完全偏离了问题。例如，顾客想买一台洗衣机，向销售人员询问功能时，销售人员开始施展自己的才华，非常专业地向顾客讲解洗衣机制造原理，试问消费者会怎么想呢？

在应答方面，无数经验告诉我们，越是遇到自己擅长的问题，越应该谦虚谨慎。例如，爱因斯坦在回答专业领域的问题时态度是十分严谨的，回答普通人的问题时又是幽默风趣的，甚至经常拿爱情故事来打比方。

通常，擅长的问题主要分为以下两种。

1. 被别人问过很多遍的问题

例如，从事客服这一职业的人，同一问题每天可能要重复回答很多次。遇到这种情况，一定要保持耐心，要从内心将现在的提问者当作第一个提问者来对待。

2. 涉及专业领域的问题

遇到此类问题，要看提问的对象及诉求。如果提问者是普通人，回答时就要尽量通俗易懂，让对方听明白，最好采用打比方的方式，让提问者更容易理解；如果对方也是专业人士，那么回答时就要专业严谨一些，以免给对方留下不专业的印象。

我们经常听到这样一句话："淹死的都是会游泳的。"虽然这个说法并不严谨，但也说明：不会游泳的人不轻易下水，而水性好的人在水中反而容易粗心大意。应答也是这样。遇到不擅长的问题，你回答时就会小心谨慎；一旦遇到擅长的问题，就可能表现得过于自信，甚至骄傲，往往容易锋芒毕露，语出伤人，最后得不偿失。

拒绝原则：不能回答的问题，要学会拒绝

温柔并不代表温驯和柔弱，有时面对不能回答的问题，要勇敢地拒绝。然而，拒绝回答并不是要给对方下马威，而是要把谈话的重点转移到别的地方去，这样既不得罪人还会令人刮目相看。

有位女秘书跟随老板参加记者招待会，被记者问到有关公司核心数据的问题，老板示意女秘书，让她来回答。

女秘书接过话筒，郑重其事地答道："今年公司的净利润总额我也不清楚，但是财务出纳数据我是知道的。不过我想确认一下，这些是不是保密的？"

记者连忙说："不是保密的。"

女秘书笑着说："既然不是保密的，那你说是多少呢？"

另一位记者赶紧说："这些数目是保密的。"

女秘书说："既然是保密的，那我就不能说出来了。"

面对棘手的、无法正面回答的问题，我们要学会拒绝。案例中的女秘书可以选择直接拒绝，如"这涉及公司的机密，我拒绝回答"。但是，这种直接拒绝很容易导致沟通陷入中断，因此女秘书选择了更加

高明的回答方式，既拒绝回答问题，又缓和了气氛，保证了沟通的顺利进行。

现实生活中，我们也总能遇到别人当众问一些涉及个人隐私等尴尬的问题。这些问题在众目睽睽之下被对方提出来，我们不回答会显得没礼貌，甚至还会被认为是无能的一种表现，如何巧妙地拒绝，在这时候就十分重要了。

当别人问你一个不好回答的问题时，你可以假意发问，将问题抛给对方，还可以顺着对方的回话继续聊下去，不给对方追问的机会。例如：

世界著名的舞蹈家伊莎多拉·邓肯向萧伯纳委婉地求婚说："假如我们两个人结婚，生下的孩子头脑像你，面孔像我，该有多好！"

萧伯纳也一本正经地回答说："要是生的孩子头脑像你，面孔像我，岂不是糟透了？"

也可以选择四两拨千斤，避而不答，例如：

问："听说你的男朋友'劈腿'了，是吗？"

答："你听谁说的，你就去问谁吧！"

还可以采用模糊性的回答方式，也就是不给出确切的答案，用一些宽泛的、模糊的词语来回答。例如：

问："你每月的工资有多少？"

答："少得不好意思拿出来谈！"

类似的问题，我们能不能正面拒绝呢？当然能，但前提是，你不在意谈话的结果，或者说你不在意谈话是否能够顺利进行。对于一些充满恶意甚至攻击性的提问，不仅要正面拒绝，还要犀利地反击。

在某公司的一次面试中，面试官问一位女性求职者："你结婚了吗？"

求职者说："这与工作无关，我可以不回答吗？"

面试官说："当然可以，不过我们想知道你的家庭情况和婚姻状况。"

求职者说："对不起，这是我的隐私，我有权拒绝回答。"

面试官说："当然可以，你有权拒绝我。"

面试官的提问涉及了应聘者的个人隐私。有的时候，出于某些原因，面试官不得不问这些问题。这个时候，作为求职者怎样回答，就要看求职者对这份工作是否迫切地想要得到。面试官提的问题虽然涉及隐私，但并没有恶意，我们可以选择更加巧妙的拒绝方式，例如：

"很抱歉，这属于我的个人隐私。我想说的是，结婚与否都不会成为我工作的障碍。"

这样回答就将问题模糊化了。提这类问题的公司，主要目的并不是想知道你结没结婚，而是想要了解，你的婚姻状况是否对工作有影响。

进阶攻略

幽默感是女人交际的秘密武器

幽默不仅是一种高级的情商，对女人来说还是一种言语层面的性感。幽默是每个人与生俱来的本能，只不过有些人受成长环境的影响，将这种本能化作了良好的习惯而已。

2009 年春晚彩排时，青年歌手王莉在舞台上不慎摔倒。现场气氛顿时陷入尴尬之中。面对这样的突发状况，主持人董卿临场发挥，说了这样一段话："刚才歌手王莉不小心摔倒，好在没影响到她的演出。其实春晚就是这样一个舞台，能站在这里的都是最优秀的演员，大家都是摔倒了又爬起来才走到这里的！"

董卿的这段话幽默而富有哲理，不仅替歌手圆了场，还对春晚舞台的演员们表示了赞美和尊敬，由此可见其情商之高和主持功底之深厚。

幽默的应答可以活跃气氛，可以让沟通顺畅，也可以让反击隐藏于无形之中。为什么有的人可以妙语连珠，将幽默信手拈来呢？有人说，幽默是一种天赋，事实真的是这样吗？其实，幽默是每个人与生俱来的本能，只不过有些人受成长环境的影响，将这种本能化作了良好的习惯而已。

幽默并没有固定的模式可以遵循，我们面对的是不同的人群、不同的场合，所以幽默也只能因人而异，因场合而异，才能达到预想中的效果。那么，有什么办法能将自己的幽默本能激活吗？让我们来看看常见的几种幽默表达方式。

1. 解惑式

解惑式就是故意使对方疑窦丛生，造成错觉，然后再进行解释，使之冰消雪释，在起伏中顿生幽默。

一天，有个烟草商人在一个集市上大谈抽烟的好处。突然，一位女士从人群中走出，径直走到台前，让那位商人吃了一惊。

这位女士在台上大声说道："朋友们，对于抽烟的好处，除了这位先生讲的以外，还有三点呢！"

商人听了这位女士的话，马上向她道谢："谢谢您了。看您见识独到，肯定是位很有品位的女士，请您把抽烟的三大好处讲给大家听听吧！"

这位女士笑了笑，说："第一，狗害怕抽烟的人，一见就逃。"台下一片轰动，商人暗暗高兴。"第二，小偷不敢去抽烟者家偷东西。"台下连连称奇，商人更加高兴。"第三，抽烟者永远年轻。"台下听众十分惊讶，商人更加喜不自禁，要求女士解释一下这是为什么。

这位女士把手一摆，说："请安静，我现在就给大家解释。"商人格外兴奋地说："真是棒极了！请您快讲。"

"第一，抽烟的人驼背的多，狗一见到他以为是在弯腰捡石头打它呢，能不一见他就逃吗？”台下许多人笑出了声，商人吓了一跳。“第二，抽烟的人夜里爱咳嗽，小偷以为他没睡着，所以不敢上他家去偷东西。”台下一阵大笑，商人直冒大汗。“第三，抽烟的人很少有长命的，所以没有机会衰老，能不永远年轻吗？”台下哄堂大笑。

此时，大家去找那名烟草商人，发现他早已不见了踪影。

上面这则故事一波三折，层层推进，故事中的女士把听众的思绪一步一步推向迷惑不解的境地，在把听众的胃口吊得足够“馋”时，才一语道破天机。按照常规思维，抽烟是应该遭到反对的，当那位女士走到烟草商人旁边时，大家认为她肯定要提出反对意见，谁知她却大谈抽烟的好处。商人和听众一样大惑不解，因而急切地想知道原因。最后，她以幽默的话语作了妙趣横生的解释，既让听众开心，又让听众从商人的欺骗性话语里走出来，意识到抽烟的危害性。

2. 形象式

形象式就是通过打比方的形式，让人产生联想，必须言之有物，让比喻形象生动。语言形象生动，能促人联想，产生具象，让人产生幽默感的同时，余味无穷。

某公司的产品研发部门举行研讨会，请各位同事针对未来的产品方向提出自己的创意，并一一进行讨论。当轮到“00后”小刘发言时，他足足花了15分钟来介绍自己的创意，并且发言时的神态和语气显得十分自信。然而，发言完毕后，没有一个人对他的创意发表意见。会场沉寂片刻后，部门负责人王姐淡淡地说道：“下一个。”

会后，快快不快的小刘找到王姐，请她明示自己的创意到底哪里不好。王姐笑着说：“你的创意并没有哪里不好，只是还缺少最重要的一点。”

小刘疑惑不解地问道：“哪一点？”

王姐没有直接回答，而是转身拿起书架上的飞机模型，放到小刘面前，然后语重心长地说：“创意就像航班——可以飞，但最终还是要落地。”

部门负责人王姐用充满幽默感的比喻不仅温和地告诉了小刘他的创意未被大家肯定的原因，还引导他进行了更深刻的反思。这样的话术既不会得罪人，又能赢得别人的尊敬。

3. 曲解式

曲解就是对某一事物进行歪曲、荒诞的解释，用轻松、调侃的态度，将两个表面上看似没有联系的东西联系起来，造成一种不和谐、不合情理、出人意料的效果，从而产生幽默感。

有一位太太请画家为她画一幅肖像，并要求肖像上要佩戴钻石项链、绿宝石手镯、纯金耳环和红宝石头饰。画家疑惑地问道：“可是您身上并没有这些物品啊？”

这位太太慢条斯理地回答：“我提出这样的要求是有道理的。我平时身体不太好，万一我比丈夫走得早，他肯定很快就会另娶一个年轻貌美的女人为妻。有了这幅画，他就难以向新娘解释这些贵重物品的去向了。”

画家听了哈哈大笑，爽快地答应了这位太太的要求。

案例中的太太通过曲解自己提出特殊要求的意图，让画家爽快地答应了自己的要求，接话接得轻松自如，颇具幽默感。

幽默并不是让你去嘲笑他人，一个真正幽默的人，往往能够在言行举止中带动气氛，让周围的人也一起开心起来。富有幽默感的人不仅能看到生活中美好的一面，还能给别人带来快乐。要想让自己变成一个幽默的人，可以尝试以下几种方法。

一是相信自己。自信是快乐的源泉，你必须相信自己是富有幽默感的人，你需要的只是把它表达出来而已。平时可以搜集一些有趣的材料，多关注别人为什么会发笑，学会找到笑点，你就能创造以笑点为基础的很多幽默笑话。

二是拓展知识面。不管材料如何，都需要考虑这个材料是否符合听众的口味。例如，你向对音乐一窍不通的人讲怎样谱曲就不合适。

三是善于观察。广泛的知识面可以增强你的幽默感，观察力同样不可或缺，很多人知识广博，但是缺少发现幽默的能力。仔细观察，在日常生活中发现幽默，看到别人看不到的一面，慢慢你就会成为一个幽默的人。

幽默无处不在，你也可以信手拈来。多和富有幽默感的人交往，在一个幽默的环境中，你会更容易变成一个幽默的人。俗话说，“百炼出真金”。你可以先在亲人、朋友或同事面前练习，随着技能的增强，再逐渐增加你的听众人数。慢慢地，你会发现自己开始变得幽默了！

第四章

有效沟通的高情商接话技巧

积极回应，关系才能进一步发展

沟通是一个双向互动的过程，当我们接收到对方的信息后，还要将自己的感受传达给对方，这样才能使沟通得以延续，进而拉近双方的距离。

晓丽和小张在大学毕业一周年的同学聚会上不期而遇。小张是个非常喜爱花卉的男生。聚会上小张兴致勃勃地说："前几天我去参加花博会了，没想到光兰花就有那么多种类，真是大开眼界！"

对于小张这个话题，男生并不关心，女生也没有多少热情，一时间小张有些尴尬。只有晓丽表现出相当的兴趣，问道："真的吗？兰花有多少种？"

小张立即回应道："有2万多种呢！听说兰花是世界上种类最多的植物。"

晓丽说道："真难以想象，都有哪些呢？"

小张饶有兴趣地说道："大家最熟悉的有蝴蝶兰、春兰、建兰、蕙兰，其实还有斑叶兰、卡特兰等，大多数兰花属于热带花卉。"

晓丽说："说到热带，我今年去了新加坡旅游，那里四季恒温，环境真是太好了，我都想在那里定居了。"

小张说："我很想去马尔代夫玩。"

晓丽说："那你什么时候有时间，我们一起去呀？"

小张说："好啊！找个合适的时间，我们一起去！"

一年后，小张成了晓丽的老公。两个人谈到当初那次同学聚会，小张笑问："说，当初你是不是有预谋的？你根本就不怎么喜欢花！"

晓丽一本正经地回答说："我只是想知道，在你眼中，我与花谁更美。"

人与人之间的沟通交流，是一个双向互动的过程，简单地说就是一方发出信息，另一方接收、理解后再发出信息，如此循环往复。这个过程形成了双向互动，同时也确保了信息传递的准确与完整。

沟通过程中的信息传递，离不开问与答，回答问题包含对明确提问及某个话题的回应，积极而正确的回答是让沟通得以延续的保证。比如晓丽的回应就很高明，她围绕小张感兴趣的兰花展开，通过不断提问与回答，从而将话题引到旅游上，达成了"一起去马尔代夫"的愿望，并最终征服了自己心爱的男人。

其实，针对某个话题做出正确回应并不是什么难事，把握好以下三点，你就能做出很好的回应。

1. 表现出兴趣

当某人提出某一话题时，你要适当表现出兴趣，让对方感受到你的积极回应，这样对方就会继续和你聊下去。当然，除非你不想和对方继续沟通。例如，朋友说："上周末我去爬长城了。"你可以回答："真的吗？我一直想去长城，但一直没有时间，你有照片吗？让我看看。"

2. 表现好奇心

在你表现出兴趣后，最好还能表现出好奇心，而表现好奇心最好的办法就是提问。例如：“去长城玩的人多吗？”“长城的哪里最有意思？”“现在的门票多少钱？”

3. 转移话题

如果你对这个话题不感兴趣，但还想与对方保持沟通，最好的办法是转移到双方都感兴趣的话题上。需要注意的是，话题转移不能太明显，这会让对方感觉很突兀。例如：谈到花卉，可以转移到自然、旅游；谈到明星，可以转移到电影、时装；谈到工作，可以转移到相关产品及与产品有关的事物；等等。

巧用对比，回答会变得更有效

▶ 大小、是非、贵贱……这些概念都是相对的，单独使用很难将事物描述清楚。只有通过对比，才能给人一个具体的形象。多用对比的方式接话，可以使信息传达得更加清楚。

张太太想要买一个电饭煲，于是来到商场。走进第一家店，销售人员热情地招呼了她。张太太看中一款电饭煲，但是看到价格后说："价格太贵了！能不能便宜点？"

销售人员说："不贵啊，我们的产品有六大优势，采用进口研发技术，节能好，卖这个价格一点儿都不贵。"

张太太摇了摇头，说："不就是一个电饭煲吗？卖 800 多元还不贵？算了，我还是到其他家再看看。"

于是，张太太转了几家店，不是看不中，就是价格不满意。

当她走到最后一家店时，几乎打消了要买电饭煲的念头。这家店的店员李女士同样热情地招待了张太太，但并没有像其他店的销售人员那样为她介绍产品，而是提了几个问题。

李女士："很冒昧地问一下，您家里平时有几个人用餐？"

张太太："平时也就四五个人用餐。"

李女士："那您一天通常做几顿饭？"

张太太："平时上班离家远，也就晚上做一顿饭。"

李女士："那我建议您尝试一下这款最新式的电饭煲。这款电饭煲可以连接移动终端，您在早上出门时将米放好，下班前，在单位用手机就可以遥控蒸饭，回到家就能吃了，这会给您省去许多麻烦，与同类产品相比，功能更强大，价格也就差一二百块钱。"

张太太有点动心，问道："价格方面还是太高了，能优惠点吗？毕竟只是个电饭煲。"

李女士："优惠肯定有，但是这款产品本身已经是促销价格了，所以只能在其他产品上给您优惠，店内其他产品如果您有需要，我们可以给您打个5折，您看怎么样？"

结果，张太太不仅在这家店花1000元买了个电饭煲，还购买了计划外的另一件产品。

在回答中巧用对比，可以让你的话语更加可信，让你的观点更加鲜明。上述的案例中，第一位销售人员只是强调产品的优点，却没有让张太太明确感觉到产品到底贵在什么地方；而最后一家店的李女士却巧妙地通过提问了解了张太太的需求，通过简单的对比，成功推销出了自己的产品。

同样，任何场合、任何领域的问题，也都可以巧用对比的方式来回答，这会让你的答案与众不同，也会让你的回答更加有效。比如：

有人问亚里士多德："你和平庸的人有什么区别？"

亚里士多德回答说："他们活着是为了吃饭，我吃饭是为了活着。"

如果亚里士多德只是回答“我吃饭是为了活着”，就很难达到这种强烈的对比效果。亚里士多德巧妙地运用了对比方法来作答，不仅凸显了自己与平庸之人的不同，也体现出了强烈的讽刺意味。

用对比的方法来回答问题，需要掌握以下三个关键点。

1. 对比对象要用熟悉的

回答的问题涉及陌生事物时，为了让听者更好地明白，最好用一个较为熟悉的东西作为对比对象，通过对比来彰显事物的特性。例如：

问：“太阳有多大？”

答：“太阳的体积是地球的约 130 万倍。”

2. 对比要保证合理性

首先，对比双方要属于同一范畴；其次，对比双方要表现出相反或相对的性质。如果对比不符合这两点，那就是一个不合理的对比，也就不具备较强的说服力。例如：

问：“你家洗发水卖 200 元，也太贵了吧？”

答：“有什么贵的，一辆汽车还几十万、上百万元呢！”

通常，听完这样的回答顾客立刻就被气走了。两种不属于同一范畴的事物，放在一起根本没有可比性，正确的对比方法是拿同类洗发水做对比。

3. 对比后做出适当分析

对比后做出明确分析和评价，并得出结论，这样才能形成一个完整而有效的回答。例如：

问："为什么我做一个产品只需要一天，卖出去却需要一年？"

答："时间换一下，用一年做产品，你的产品一定会一天就能卖出去！"回答后，可以继续这样解释："想要出精品，就要下功夫，决不能为了追求产品数量，而放弃产品质量。"

这样的回答就完整了，既有对比，又有解释，将其中利害关系分析得很透彻，将自己的想法表达得很清楚，这就是一个非常好的对比式回答。

巧用数字，回答会更有说服力

▶ 数字是沟通的重要武器，因为数字本身就拥有很强的说服力，它能让对方在头脑中产生具体的印象，尤其在使用数字进行对比的情况下，产生的效果更加明显。

在一家地毯专卖店里，一位顾客走到一块地毯前，向营业员询问道："请问小姐，这款地毯多少钱？"

营业员："每平方米248元。"

顾客听后随口说道："太贵了。"说完便要转身离开。

营业员急忙叫住顾客说："事实上，如果您想在您的卧室铺这块地毯，只需花1元多钱。"

顾客："1元多钱，这怎么可能？"

营业员："我替您算过了，假设您的卧室空地面积是10平方米，每平方米地毯需248元，而这款地毯的实际寿命是5年，每年按365天计算，您每天只需花1元多钱就可以把这款精美的地毯铺在您心爱的卧室里了！"

听完营业员的解释，顾客连连点头，最终买下了这款地毯。

提问者都想得到被问对象的具体回答，因为具体回答可以直观呈现出事物的形态，模糊的回答容易产生误解。数字最大的价值就在于，它能让文字中的思想数字化、准确化以及具体化，在回答问题时，数字能让回答更加清晰具体，让沟通变得更加生动且直观。

就像上述的例子，如果营业员只是一味强调“这款地毯并不贵”，而没有列出这些准确数字的话，就没有办法佐证自己的产品为什么物超所值，也就没有办法说服顾客掏腰包。当你回答某个问题时，可以通过数据来帮助你量化问题。倘若没有数据作支撑，提问者就可能会对你的回答产生怀疑：这个问题真的像你说的那样吗？程度又是怎样的呢？

那么，在巧用数字来回答问题时，是不是任何问题都要列数字，或只是列数字就可以呢？这个问题要具体问题具体分析，另外还要把握以下几点原则。

1. 数字不在多，在于准确

有些问题并不需要用大量数字来佐证，只要能够呈现事物的具体形态就可以了，罗列太多数字反而会显得累赘。例如：

问：“赵州桥有多大？”

答：“全长 50.82 米，两端宽 9.6 米，中部略窄，宽 9 米。”

这样的回答简洁准确，让听者对赵州桥有了直观印象，而且不会显得啰唆。

2. 多组数字罗列，制造震撼力

对于有些问题而言，如果回答中只用一组数据很难说明问题时，就需要我们用多组数据进行对比，以给听者带来更精准的信息。例如：

总经理问："最近业绩怎么样？"

答："很好，这个月我的业绩目标是 20 万，已经完成了 15 万，还有 10 个有意向的客户、2 个即将签单的客户。"

这样的回答就很容易给领导留下深刻的印象。如果你回答说"还不错，已经完成了 15 万"，就很难带给听者直观的感受了。

3. 用百分比体现差异

对于有些问题，在回答时用百分比则更有说服力。例如：

问："吸烟有哪些危害？"

答："吸烟者比不吸烟者患肺癌的风险高 15—30 倍，全球约 80% 的肺癌是由吸烟引起的。长期吸烟者有 10%—20% 的几率患肺癌。"

这样回答，会比一味地陈述吸烟的危害更加有说服力，给听者直观的感觉就是，吸烟的确是一件非常可怕的事情。

回答是沟通过程中不可或缺的环节，回答时使用、穿插、引用各种数字和数据，会让回答更精准而直观，让人听起来更具体，更令人信服。另外，因为很多人对同一问题、同一回答的感受是不同的，只用文字很难让所有人都感受到你想要传达的准确信息，因此在回答问题时，能使用数字的地方就使用数字，这会让沟通变得更精确、更有效。

巧打比方，回答会变得更巧妙

▶ 打比方就像女人化妆一样，将你想要表达的事物装扮得更易于让人接受。用打比方的方式接话，既要有创意，又要符合当前的情境。这样能让沟通更加顺畅。

有个年轻的女孩对音乐充满热爱，立志要成为一名音乐家。但是，她的父亲对她的理想却不屑一顾，百般阻挠。为了说服父亲，她着实伤了一番脑筋。

有一天，母亲外出，只有她和父亲在家，于是她问父亲："父亲，当初您为什么和母亲走到了一起？"

父亲说："很简单，我爱上了你母亲。"

女孩又问："母亲是不是您的第一任妻子？"

父亲说："当然是，那时候我家庭条件比较宽裕，你爷爷要我娶一位家境富有的女子，反对我和你母亲结婚，但是我非你母亲不娶，最后你爷爷见我态度坚决，就不再反对我们了。"

听完父亲的回答，女孩又说："您之所以不愿意娶别的女人，是因为您只爱我母亲，现在我也遇到了和您当初一样的烦恼，我爱上了音乐，就像当初您爱我母亲那样。我发誓，这辈子除了音乐，我再也不会选择别的专业。”

父亲说：“我知道你热爱音乐，也相信你能在音乐上有所成就，但是现在我们家庭条件不好，没有足够的资金供你去学习。”

女孩告诉父亲，她会通过勤工俭学等方式来赚取学费。最终她获得了父亲的支持。

回答问题时，巧用打比方的方法，会让回答更加生动形象，让提问者更轻松地听明白你的意思。尤其是在回答时还伴随着说服别人，这就会更加艰难，如果可以恰到好处地运用打比方的方法来表达，就会让问题变得简单。故事中的女孩将自己对音乐的热爱与父亲对母亲的爱放在一起进行比较，明确地表达了自己的决心，最终打动了父亲。

打比方和比喻有所不同，比喻是把人物或者其他物品比喻成另一种物品，打比方是通过比喻的修辞方法来说明事物特征的一种方法，即利用两种不同事物之间的相似之处做比较，以突出事物的特点，增强说明的形象性和生动性的一种说明方法。例如：

问：“您对经济发展有什么看法？”

答：“经济发展就像骑自行车，骑得太快会摔跤，骑得太慢会倒下，所以要不快不慢才行。”

打比方虽然能够帮助我们更形象地回答问题，但如果用得不恰当，就达不到说明问题的目的。例如：

问：“对经济发展中的泡沫，您怎么看？”

答：“经济发展中的泡沫就像喝啤酒时的泡沫，有了泡沫喝起来才更有味道。”

这个比方乍一看好像很形象，但经不起推敲。因为啤酒好不好喝，与泡沫没有直接关系，而且经济发展中的泡沫并不是好事，不能用有味道来形容。因此，在用打比方的方法回答问题时，一定要把握以下两点。

1. 简单

打比方的目的是让回答变得更通俗易懂，所以用来打比方的东西越简单越好，如果用复杂的东西来打比方，会让回答变得越来越复杂。例如：

问："您的文章写得非常好，我能约个时间采访一下您吗？"

答："如果你吃了一个鸡蛋，感觉很好，那又何必非要认识下蛋的母鸡呢？"

2. 灵活

用打比方回答问题时，不要拘泥于打比方的对象，要灵活应对，只要将两类事物之间的共同特点讲明白就可以了。例如：

有一次，一位记者询问爱因斯坦成功的秘诀是什么，爱因斯坦回答说："早在1901年，我还是22岁的青年时，已经发现了成功的公式。我可以把这公式的秘密告诉你，那就是A=X+Y+Z！A就是成功，X就是正确的方法，Y是努力工作，Z是少说废话！这公式对我有用，我想对许多人也一样有用。"

进阶攻略

从细微之处看透一个人的内心

人们都说女人心细，能够抓住很多细节。但高情商接话并不是只要发现细节就可以，还要通过细心观察和体会，提高自己的沟通表达能力。注意观察生活中的细节，通过及时的反思和总结，提炼生活的智慧，将其应用在接话上，这才是正确的做法。

底特律曾经举办了一次汽艇展览会，人们可以在展会上选购自己喜欢的船只，从小帆船到豪华游轮，应有尽有。

一位来自中东的富翁站在一艘大船面前，对销售人员说："我想买这艘价值 2000 万美元的游轮。"

销售人员看了一眼这位富翁，认为他是个疯子，脸上冷冰冰的，没有理睬。富翁看到销售人员如此冷漠，失望地走开了。

富翁继续参观。当他来到下一艘游艇前时，另一位目睹了富翁遭遇的女销售员前来接待，她满脸挂着热情的微笑，就像阳光一样灿烂。富翁对她说："我想购买价值 2000 万美元的游艇。"

"没问题。"女销售员笑着回答说，"让我来为您介绍一下我们的游艇系列，好不好？"得到允许后，女销售员开始热情地介绍起来。最后富翁签了一张 500 万美元的支票作为定金，第二天富翁带着 1500 万美元的支票来，购买了一艘价值2000万美元的游艇。

富翁对女销售员说："你成功地用你的微笑向我推销了你自己。在这次展览会上，只有你让我感觉到我是受欢迎的。"

有效回答是沟通得以延续的基础，有效沟通可以保证在信息传递的同时达成共识。但往往我们在回答问题的时候，只是将注意力放在语言的组织上，而忽略了沟通对象的微表情、微动作。很多问题，甚至不需要语言，一个微笑、一个眼神，就是一个完美的回答。

这里包含两方面的含义：一方面，要注意自己的微表情、微动作；另一方面，要注意观察提问者的微表情、微动作。回答问题时，如果能够判断和掌握对方的心理活动，了解对方内心真正的需求，无疑会提高回答的有效性。

回答效果经常受到场地、时间、环境、氛围等客观因素以及提问对象的情绪、心态等主观因素的影响，因此我们在回答问题时，应注意以下两点。

一是第一时间观察提问者的微表情、微动作，判断提问者的沟通风格及心理活动。

二是回答问题时，自身可以通过运用适当的微表情、微动作，提高回答效果，让沟通更高效。

肢体语言与面部表情是不会说谎的，它传递的信息比语言更快、更真实，当你话还没有说出口，肢体语言和表情就已经暴露了你内心真实的想法。例如，当你被问到一个尴尬的问题时，首先出现反应的不是语言，而是面部表情。那么，在回答问题时，我们怎样才能正确利用微表情与微动作呢？

1. 头部

摇头晃脑代表不自然、不重视、漫不经心，低头耸肩表示不自信、紧张，头向前倾表明感兴趣并想要倾听，昂首挺胸表明自信、有权威感。例如：

面试官说："你能用英语介绍下你自己吗？"

面试者 A 低着头，声如蚊蝇，双手不断搓着衣角……

面试者 B 面带微笑，抬头挺胸，声音洪亮，语言幽默，简单几句话就已经表达清楚了。

很明显，两个回答会呈现不一样的效果，结果自然也就不同。从心理学角度来说，低头是认输的一种表现，因此无论问题是否难以回答，都要保持抬头挺胸的姿态，将自己的自信传达出去。

2. 眼睛

俗话说，"眼睛是心灵的窗户"。无论是一对多还是一对一的沟通，眼神的交流都是必不可少的。首先，在回答他人提问时，尽量将目光锁定在对方的眼睛上，如果的确没有回答的经验，那就让自己的目光锁定在对方的鼻梁位置；其次，回答问题时，目光要随时跟随对方的手势，或对方展示的物品，体现出自己对对方提问的专注和重视；再次，回答对方提问时，要避免频繁地眨眼，注意观察提问者的眼神，留意对方眼神的方向——眼神向左上，多为回忆；眼神向右上，多为想象。例如：

小李是某项目负责人，向领导汇报工作时，领导询问："目前都做了哪些具体工作？"

小李在回答时，时而眼神向左上，时而眼神向右上。这说明有些工作他确实做了，他在回忆；有些工作暂时没做，他在想象做了的样子。

因此，根据小李眼神闪烁，不敢直面领导的反应，领导确定他对这项工作没有绝对的把握。

3. 手势

不同性格的人，在与人沟通时也都有自己的风格，因此我们在回答别人的问题时，要学会"眼观六路，耳听八方"，根据对方的微动作来辨别怎样回答这个问题。以下是几种常见的动作及其含义。

双手抱臂，表示提防与抗拒；不停地搓手，表示内心紧张与焦虑；无意地踮脚，表示故作镇定；握手时紧握并用力，说明热情好沟通；握手时蜻蜓点水，说明自我保护意识重。

第五章

懂得变通的女人不会被问倒

改变惯性思维，把握接话先机

要想在接话上实现质的突破，就得从思维上改变自己，由内而外蜕变为一个高情商、高知性的女人。提高思维能力的关键在于使思维脉络清晰化。一旦思维脉络的重点厘清了，一切问题也就迎刃而解了。

有位太太因脊椎疾病住进了医院，需要从脚跟上截一块骨头补到脊椎上来。手术完成以后，医生说："这位太太，这可是我从来没有做过的新手术啊！"

这位太太一听，笑着回答说："那好极了，请问您打算给我多少试验费呢？"

每个人提的任何一个问题，都有内在的动机，只不过有的问题动机很明显，就显现在问题中，而有些问题，动机隐藏得很深，需要仔细地思考才能体会到。面对提问，回答者的选择很多，想清楚提问者的动机是回答问题的关键，这就要求回答者具备多元化的思维。

故事中这位太太的接话幽默机智，是因为她听出了医生话中的端倪。这名医生急于获得患者对他医术的吹捧。生活和工作中，我们不妨学习一下这种回答问题的方式，用心辨别提问者的动机，先于对方提问，占据主动，不要等到被对方接二连三的问题逼到墙角时，再疲于应付。

小尹是公司最年轻的部门负责人，深得老板信任。有一次，老板想安排小尹和自己一同去美国出差，结果想要跟老板一起出差的人很多，一时间这件事成为公司热议的话题，业绩比小尹好的员工也有不少，这让老板的压力很大。

这一天，老板当着大家的面问小尹："小尹，你英语口语很不错，对吧？"

小尹没多想，谦虚地回答道："哪里哪里，我英语口语很一般。"

小尹话音刚落，其他同事纷纷自荐："老板，我的英语口语很好！""老板，我的口语很不错，沟通完全没问题！"

小尹猛然醒悟，原来老板是想给自己一个机会，然而，自己这个回答等于将机会拱手让给了别人。事实也是如此，最后老板将机会给了那位"口语很不错，沟通完全没问题"的同事。

很显然，上述案例中，小尹并没有体会到老板提问的真正目的。小尹的回答虽然没有什么不对，但是却导致自己错失机会，还很有可能就此失去老板的信任。说到动机方面，比老板的问题更难回答的，就是情感的问题了。下面举两个简单的例子。

男人问："你喜欢结婚前的我，还是结婚后的我？"

这个问题的动机不是让你做选择题，而是考验你对他的爱，期待你给他一个安心的答案，甚至是暗示你，现在的他内心缺乏安全感。如果不知道对方的潜在动机，这个问题无论你怎样回答都是错的。

男人问："你和公司的男同事在一起，也是这样的吗？"

看到这个问题，先不要忙着发誓。虽然这个问题的动机看似就呈现在问题表面，如果只忙着回复"你在我心中是独一无二的""你在我心中是无可取代的"之类的誓言，那么就能打消对方的疑虑吗？其实男人在问你这个问题的时候，潜在的动机是想让你用行动证明他是你的唯一。

因此，单纯从问题表面是很难听出对方的动机的。这个时候，不妨结合对方说话的表情、语气等信息来分析对方的动机，明白对方到底是什么心理，这样既能抢占先机，又能避免答非所问造成的尴尬局面。换句话说，就是不要沿着对方提出的问题的表面，即不要按照惯性思维来思考。

锻炼自己的思维，是对每一个问题，既要考虑它原有的知识基础，又要考虑由它引出的知识内容。只有这样，我们才能更好地提高思维能力，提高接话的能力。

避实就虚，让回答变得更高效

▶ 在沟通比较复杂的问题时，女人得天独厚的优势就是“柔”。我们可以将问题化整为零，选择一个容易回答的侧面，再循着其中的逻辑关系找到你所需要的答案，这样就能以柔克刚。

某位女讲师到 ×× 大学演讲，演讲现场有学生处李处长、保卫科科长等领导。当演讲结束时，坐在李处长旁边的一名学生干部提问：“老师，今天您的演讲十分精彩，大家都听得热血澎湃，但是我发现我们的李处长一次也没有鼓掌，您能否再演讲 3 分钟，让我们的李处长鼓一下掌？”

背景是，李处长是位教授，50 多岁的女性，堪称这个领域的权威，而这位年轻的女讲师只有 20 多岁。如果你是这位年轻的讲师，在这样的场合，你将怎样回答这个问题？

相信许多人在生活和工作中，都遇到过类似的问题。暂且不论提问者是想要达到什么目的，还是故意刁难，就此类问题本身而言，回答起来十分考验一个人的智慧。以案例来说，如果讲师选择绕开问题，不去回答，整场演讲就会变得虎头蛇尾，之前的一切努力都会付诸东流；如果选择挑战权威，即便赢得认同，恐怕也会惹来对前辈不敬的非议。

首先，让我们来看问题本身："我发现我们的李处长一次也没有鼓掌，您能否再演讲3分钟，让我们的李处长鼓一下掌？"表面上看起来是一种刁难，实际上，问题背后隐藏着的观点是"质疑"。其次，提问者将权威的女教授搬出来，为问题回答设置了"拦路虎"，增加了回答的难度。最后，"让我们的李处长鼓一下掌"具有一定的迷惑性，如果按照惯性思维，纠结于怎样让女教授鼓掌，那么这个问题就没有办法回答了。

下面，就让我们看看这位年轻的女讲师是怎样回答的。

今天，能受到××大学学生处的邀请，来到××大学演讲，我非常荣幸，各位同学给我如此热烈的回应，我很感谢！在此，要向你们深深地鞠上一躬，谢谢你们！刚才，李处长没有给我掌声，我想说三点：

第一，李处长年龄比我大一倍，她是一位知识渊博、阅历丰富的教授，今天她能来现场听我的演讲，对我而言就是最大的荣誉。李教授不仅来听20多岁、刚刚大学毕业的我的演讲，还坚持听到现在，这已经是对我最大的支持了。因此我要感谢李教授，让我们将最热烈的掌声送给李教授，好吗？

第二，刚才，李教授没有给我掌声，说明我一定还有很多不足，还需要很大的提升，李教授不给我掌声，一定是希望我能够走得更远，能够更加成功。以后我一定会虚心向李教授请教，弥补自己的不足。我也相信，李教授一定会帮助我、指点我，让我获得更大的进步。李教授，您说是吗？

（李教授伸出了大拇指，全场掌声。）

第三，我相信，有了李教授的帮助与指点，我未来一定会更加优秀。今天，李教授没有给我掌声，我相信，未来5年、10年以后，等我再次回到××大学演讲的时候，李教授一定会给我掌声的。

面对刁钻的问题，能回答最好，如果不能回答，就不要将回答放在问题本身，可以错开话题，就像案例中年轻女讲师的做法，列出“第一、第二、第三”，让回答有条理，回答得精彩，自然就会赢得掌声。年轻讲师通过这样的回答，成功利用谦虚和赞美，将“掌声问题”留到5年、10年以后，同时其精彩的回答也赢得了全场的喝彩。

回答复杂而刁钻的问题时，要掌握好以下几个技巧：

（1）用自己的语言、表达方式将问题重新表述，让自己对问题的理解变得清楚，更容易想到答案。

（2）通过简化推论或直接抛开无关因素、不可能因素以及方向，缩小问题包含的范围，使问题范围得到限定，这样问题的解答就会变得清晰、容易。

（3）简明地列举出你在寻找答案时应当加以考虑的各种方案、可能性、情况、安排、组合等。

（4）将各种可选方案按一定逻辑关系整理出来，以便于追踪、考察、说明所有已知的或看起来有可能的答案。

（5）想不出答案时，要及时停下来，考虑思路是否正确，然后换到不同的思路和观点上，并重新开始思考。

变答为问，将问题还给提问者

▶ 如果有人对你提出刁难性的问题，该怎样回答？最恰当的方式，当然是以彼之道，还施彼身。这样既能避免引起敌意，又能在接话时不落下风。

林雪应聘某企业的工程管理岗位。面试进入了尾声阶段，就在这个时候，面试官问林雪："你了解我们的企业文化吗？"

面对这样的开放性问题，是个很好的机会，如果回答好了，会很加分。林雪也是有备而来，她在来面试之前，对企业的发展战略、产品、市场、企业文化等都通过网站进行了了解。但事实上，林雪的了解也仅限于表面。真正回答起来，她感到了问题的棘手，想要从管理方面入手，但很难说清楚，又不能说不知道，不知道为什么还要来应聘呢？林雪只好选择了"了解一些……"这样的回答。

没想到，面试官继续追问："你都了解些什么呢？随便说说。"

林雪尽力回忆关于创新方面的知识进行高谈阔论，面试官的眉头渐渐皱了起来，最后打断了林雪，说："时间差不多了，今天的面试就到这儿吧！"

然后，面试官在林雪的面试记录上写下了这样一句话："作为工程管理员，对不清楚的事情信口开河，这一点需要用人部门特别注意。"

面对这样的问题，应该怎样回答呢？首先，还是要遵循“知之为知之，不知为不知”的原则，对于不了解的领域，一定不要瞎说；其次，采用虚心求教的方式，将问题重新抛给提问者；最后，反客为主，变答为问，绕过对方的问题，给对方提一个问题，让对方陷入被动。

某地音乐教室招聘钢琴老师，功底深厚的张霞前去应聘，顺利通过能力测试之后，她成功进入最后的面试环节。面试过程中，教学主管一言不发，静静观察应聘者回答其他两位负责人提出的问题。

面试即将结束时，主管提出了一个刁难性的问题：“莫扎特的《小星星变奏曲》是所有人都会哼唱的儿歌《小星星》的原曲，请你回答，这首曲子一共有多少个音符？”张霞知道这是一个脱离常规的问题，而且自己根本答不出来，既然答不出来，不如“以难制难”，于是反问对方：“主管老师的尊姓大名，天天目睹手写，也已烂熟，请问总共多少笔画？”

张霞的回答引起了主管的赏识，所以张霞当即被录用了。其他应聘者回答“不知道”，虽然回答的是实话，但从回答中难以体现出他们敏捷的思维能力。

对于类似难题，如果提问者本身没有恶意，我们不妨用友好的态度向对方请教，先不说自己不知道，而是反问对方。例如：“这是个有趣的问题，请问你知道吗？”

需要注意的是，在变答为问的时候，反问的问题最好与对方问你的问题有一定联系，这样才具有威慑力。如果你的反问与原话题无关，一方面，对方会感到莫名其妙；另一方面，如果这个问题没什么难度，对方回答出来了，最终难题还是会落在你的身上。

进阶攻略

打破思维定式，学会见招拆招

▶ 人的思维是无限的，当我们面对一个看似无法回答的难题时，自己一定要明白，这只是我们的思维定式所致，只要我们能跳出固有的思维模式，就一定能找到答案。而且往往越难回答的问题，越会产生出精彩的回答。

“你参加赛跑，超过第二名，你是第几名？”如果你的回答是第一名，那你就错了，因为你超过第二名，你只是取代了第二名的位置，因此正确答案是第二名。

答错了别气馁，再看这道题：“你参加赛跑，超过了最后一名，你是第几名？”如果你的回答是倒数第二名，你又错了，最后一名怎么超？

仔细想想，题目本身并不难，为什么你会答错？其实，这都是我们的思维定式在作怪，此类题目本身就是按照人们的思维定式来设置的，很容易就会把人带入思维的误区。想要让各种难以回答的问题变得不难回答，我们就要通过训练打破自己的思维定式。

所谓思维定式就是按照积累的思维活动经验教训和已有的思维规律，在反复使用中所形成的比较稳定的、定型了的思维路线、方式、程序、模式。举个简单的例子：如果有一对亲兄弟，一人英俊文雅，一人丑陋粗俗，而警察说他们其中一人是杀人犯，那么大多数人都会默认粗俗的那个才是杀人犯。而当警察宣布文雅的那人才是杀人犯时，你一定会发出惊叹，这就是思维定式。

思维定式对我们思考问题的限制非常明显。有这样一个著名的试验：将 6 只蜜蜂与 6 只苍蝇装进一个玻璃瓶中，然后将瓶子平放，让瓶底朝着窗户。结果怎样呢？蜜蜂不停地在瓶底找出口，一直到它们力竭倒毙；而苍蝇在不到 2 分钟的时间内就穿过另一端的瓶颈逃离了。

蜜蜂基于出口就在光亮处的思维方式，想当然地设定了出口的方位，并不停地重复这种“合乎逻辑”的行为，这种思维定式，导致它们无法逃脱。而苍蝇对所谓的逻辑毫不留意，却凭借四下乱飞找到了出口，并且成功逃离了瓶子。

思维定式是怎样形成的呢？人们先前形成的知识、经验、习惯等使人形成可认知的固定思维倾向，进而会影响后来的分析、判断，这便形成了思维定式，思维定式最大的缺陷就是让人摆脱不了固有思维的束缚。如果想要提高自己应对问题的能力，就必须从打破思维定式开始。让我们看看下面这则故事。

古代有一位秀才，从小便与一位富家千金定了亲，但是后来那位千金的父亲去世了，家业也开始衰败，于是秀才便想悔婚。

眼看离约定的婚期不远了，女方来找秀才商讨结婚的良辰吉日。秀才心一横，决定当即推掉这门亲事，女方当然不同意。一番争执过后，秀才提出了一个办法，只见他拿出两个纸团，放在一个罐子里，边摇晃边对女方说：“我做了两个阄，一个写着‘婚’字，另一个写着

‘罢’字。你拿到‘婚’字，咱们就成婚；拿到‘罢’字，咱们就退婚，从此两家既不沾亲也不带故。两个阄你只抓一个来看就行了。”

那位落魄的千金心想：这两个阄分明都是“罢”字。于是她立刻拿了一个阄吞入腹中，指着另一个对秀才说：“你把那个阄打开看看，若是‘婚’字，我马上就离开，咱们退婚；若是‘罢’字，那就说明我吞下的是‘婚’字，这门亲事就定了。”

秀才没想到煞费苦心制造的骗局被轻松识破，没办法，只好娶了那位落魄的千金。

要想打破思维定式，首先就要学会根据当前的情境或对方的性格来选取不同的沟通策略。对上述故事中的千金来说，秀才的意图是显而易见的，那么顺着对方的思路走很可能要吃大亏，但是直接拒绝又在情理上落了下风，于是才有了“反向抓阄”这个绝妙的应对之策。

思维定式不是一下子就能打破的，这需要我们在日常生活中经常练习。下面几种方法可以帮助我们抓住谈话的要点，引导自己的思维朝着有利于沟通的方向转变。

1. 肯定对方的观点

在日常的沟通中，双方意见不一致的情况是经常会发生的，当对方提出你不同意的观点时，你会怎么回应呢？“我觉得这个方案不太现实。”这样的答案很可能会让沟通以尴尬收场，甚至引发双方之间的矛盾冲突。而高情商的人则会顺着对方的观点，先表达自己的赞同，再抛出自己的疑问。比如：“你的方案很有创意，你能详细说说具体怎样实施吗？”

2. 使用开放性问题引导对话

高情商的人在接话时，往往会用开放性的问题来引导对方，让对方有更多的机会来表达自己的观点。比如，当对方说：“我最近工作很忙。”你可以这样回答：“你最近在忙些什么工作呢？有什么我可以帮忙的吗？”

3. 及时回应对方的情绪

有时双方的沟通并不是交流观点或想法，而是寻求情感上的慰藉。比如，当对方说：“我真是失望透了。”高情商的人会这样回答：“我很能理解你现在的感受，你愿意和我分享一下为什么吗？”这样既可以引导对方敞开心扉，又可以让对方感到被关注和理解。

4. 注意非语言信号

除了语言上的交流，人们还经常通过非语言信号来传递信息，比如眼神、表情、手势、身体姿势等。高情商的人在接话时，不仅会注意语言表达，还十分在意非语言的沟通信号。比如，当对方显得有些不耐烦或者不屑一顾时，高情商的人不会等对方说出来，就会自动转移话题或者更换更恰当的沟通方式。

5. 避免转移话题过快

有时候，对方表达的观点或者提出的问题可能不是我们很感兴趣或者很熟悉的内容，但这是对方关注的重点。高情商的人会尽可能地认真聆听和回应，而不是快速地转移话题。如果确实需要转移话题，也要以一种自然、流畅的方式进行。

6. 注重表达方式

对沟通的质量影响最大的，往往不是沟通的内容，而是双方采取的沟通方式。高情商的人会根据对方的性格、文化背景等选择合适的表达方式，以便更好地与对方接洽。比如：对比较内向、敏感的人，要更加注重语气、措辞等细节；对比较外向、直爽的人，则要注意表达逻辑一定要清晰、直接。

第六章

以柔克刚，摆平职场沟通难题

主动推销自己，企业才会需要你

▶ 对于企业而言，更喜欢主动性强的人才。招聘方发布一个岗位往往会收到几百份甚至上千份简历，而HR可能连将简历看完的时间都没有。如果这个时候你能给用人企业打个电话，主动出击，那么这将会成为你走向成功的第一步。

姚红在一次招聘会上，看中了一家自己心仪已久的公司。于是，她投放了简历以后，并没有立即离开，而是站在公司招聘位置的附近默默观察，看一下给这家公司投简历的都有哪些人，自己与他们相比有哪些优势和不足。

第二天的一大早，姚红就按照招聘材料上的电话打了过去，接电话的是个年轻女孩。姚红告诉对方，她昨天投了简历，想知道什么时候会有结果。女孩记下了姚红的名字和电话，然后告诉姚红，面试通知在3天内就会回复。

第三天，姚红被通知参加面试，面试时姚红发现，只有10个人被选中参加这次面试。面试结束后，面试官说人事主管出差了，最后的结果还要等主管回来后再定。又过了3天，姚红没有等到第二轮面试通知，于是她又打了个电话过去。

这次接电话的，还是第一次接她电话的那个女孩，她说她可以先帮姚红去人事部问问看。中午的时候，公司通知姚红当天下午去参加第二轮面试。下午赶到公司时，人事主管对姚红他们说："你们 4 个都去体检吧，体检结果出来后再说。"

然而，体检过后很久，姚红都没有等到公司的消息。她思考后，给公司打了第三通电话。公司的回复是"公司正在商量，等决定后再打电话给你"。就在姚红挂断电话后不到 5 分钟，公司通知姚红下周一到公司实习。

如今，已经升职为主管的姚红，在一次聚会中才知道，原来当初3份名单中，都没有她的名字，是她的3个电话给自己争取了3次机会。人事主管说："姚红，你很主动，尽管你不是面试中最优秀的人，但公司看中的就是你的这种主动精神。当初，是你为自己赢得了工作机会，也为公司留下了你这个人才。"

面试时，用人单位会提出很多问题，且这些问题又有多种呈现形式。但是，归根结底用人单位的问题只有一个，那就是"你是我们企业需要的人才吗"。你的回答也只有"是"或"不是"两种。这与商业模式十分类似，交易的本质就是简单的"用我有的，但你需要却没有的物品，来换取你有的，但我需要却没有的物品"，然后慢慢出现了等价交换物，进而才逐渐演变出各种商业模式。

用人单位在招聘时设置各种问题，其目的就是要通过你的回答，来弄清"你是我们企业需要的人才吗"这个问题，你对用人单位提出的各种问题的回答，其实就是证明自己"是"或"不是"的过程。要记住，你需要这份工作，而企业需要的不是你，而是适合企业某个工作岗位的人才。

上面的案例中，可以看出姚红是一个非常执着的人，虽然她不是应聘者中最优秀的，但是她相信自己有别人没有的优点，不懈地向企业证明她是公司需要的人才，她的坚持和执着，最终赢得了企业的认可。这是面试的诸多案例中，主动回答问题的一个典型，也就是说，姚红用行动主动回答了企业“你是我们企业需要的人才吗”这个问题。

因此，我们在面试时，要更加积极、主动、自信一些，在面试之前，做好充分的准备。准备工作也可以以问答形式呈现，例如给自己提出以下几个问题。

1.“我是谁？”

对自己进行反思，分析自身有哪些优点和不足，写出答案，然后再按照重要性进行排序，这样就会对自己有一个清晰的认识。

2.“我想做什么？”

要想清楚自己的职业发展方向，不妨从自己的孩童时代开始回忆，想想自己真心向往、想要做的事情，认真地写下来，然后再进行排序。

3.“我能做什么？”

将确实能证明的自身能力和自认为还可以开发出来的潜能都列出来，这是对自己能力和潜力的一个全面的总结。一个人的职业发展，最终还要归结于能力；而职业发展空间，则取决于自己的潜力。

4.“环境支持或允许我做什么？”

环境包括单位、地区、国家等因素，只要自己认为有可能借助的环境，例如人事政策、企业制度、职业空间等。认真想清楚自己可能获得的支持和允许，并将其一一罗列出来，然后按照重要性进行排列。

5.“自己最终的职业目标是什么？”

将前面四个问题分析清楚后，我们就能看出对职业目标有利或不利的条件，列出不利条件最少的、自己想做而且能做好的目标职业，这个问题也就有了一个清晰的答案。

随机应变，把握应答“三点法则”

俗话说“女人是水做的”，那么我们就要像水一样灵活多变，不被固定的思维模式拘泥。当面对复杂的问题时，可以使用“三点法则”。“三点法则”并不是指三个确定的方面，而是将复杂的问题简化成三个维度的简单问题，使回答更立体。这是一种发散思维，有利于我们从不同角度、不同方向去思考问题，从多个方面回应对方。

杨澜大学毕业的那一年，正逢央视《正大综艺》节目招聘主持人，杨澜进入面试阶段，遇到了在当时来说极具挑战性的问题，考官提出的问题是“你敢穿‘三点式’吗”。

杨澜想回答“不敢”，但她知道，这个问题没那么简单，略作思考，她说出了她的答案：“这不是敢不敢的问题，而是一个得不得体的问题。如果在美国西海岸的浴场上，穿‘三点式’是很正常的事；如果在一个民风淳朴的山村大街上，穿‘三点式’是对那里人们的一种亵渎；如果在浴池里，穿‘三点式’纯属多余。”就这样，杨澜走进了央视。

面对同一个问题，倘若回答方式不同，就会呈现出不同的效果。

案例中，如果杨澜只是根据问题表面来回答“敢”或“不敢”，恐怕她也就不会通过面试了。我们以“你敢穿‘三点式’吗”这个问题为例，具体分析一下。

一是时代背景。这个问题放到现在来说根本算不上刁钻，但是在当时，这个问题是很敏感的话题，问题设计者也可谓十分大胆。

二是问题动机。单纯从表面上看，这个问题给了“敢”与“不敢”两个备选答案，但是，提问者的动机重在考察应聘者应对尖锐问题时的随机应变能力，而不是真的问其敢不敢。

杨澜的回答的精彩之处在于，她先是犀利地否定了“敢与不敢”，用自己的观点将问题替换成“得体与不得体”，然后围绕着自己替换的问题进行了作答，既陈述了自己的观点，又表现出了自己的思考能力。

想要让自己的回答有效，需要做到以下几点。

1. 真实

就是说真话，保持真诚，不能为了表现自己从而说一些虚伪的话，给出不符合事实的答案。

2. 直接

回答问题直接明了，直接将自己的观点表达出来，不要说一堆大而空的话，引起别人的反感。

3. 具体

回答问题要具体，不要带“大概”“可能”“或许”等字眼，回答过于笼统，会让人感觉你很不真诚。

4. 适量

所谓适量就是“点到即止”，回答的话不在于多，而在于精。想要将问题回答得更精彩，还必须掌握回答的“三点法则”。也就是说，回答别人问题时，最好传递给别人三个重要信息，这个数量不多不少，刚好合适，太多别人会遗漏，太少会显得论据不足。例如：

“听说你一直在上英语口语课，学了多少次？效果怎么样？”

回答这个问题，如果用“没多少次，效果一般”来回答，内容就太空泛了，提问者接收不到任何有用的信息；如果用“三点法则”，列出三个重点信息，回答效果就会完全不同。

“我去过7次，每周2次课，总共要上24次课，目前我已经能和外教简单交流了！”

任何问题，都可以将“三点法则”运用到回答中。但话说回来，茶壶里能不能倒出饺子的关键，并非取决于茶壶嘴的大小，而是取决于茶壶里有没有饺子。如果茶壶里没有饺子，茶壶嘴再大，也倒不出饺子来。

越是常见问题，越不容易回答

▶ 同一个面试问题并非只有一个答案，而同一个答案也并非在任何面试场合都有效。关键是要根据实际情况，有意识地揣摩面试官的心理活动，然后有的放矢。

“夏雨晴，你的名字很漂亮啊！”

面试官夸奖应聘者的名字，有两个原因：一是发自内心地赞美，二是希望能够在面试开始之前制造一种轻松和谐的气氛。尤其是应聘者名字较为特别时，很容易出现这种情况。

“是吗，谢谢！这个名字比较符合我的性格。雨是比较温柔的，晴是比较热烈的，因此，我觉得我的个性既有顺从的一面，也有比较热烈积极的一面。”

这种回答是非常普遍的一种错误典型，虽然听起来很美，却完全不真实。没有人能在刚出生时就知道自己的性格，妈妈也一样不知道自己刚出生的宝宝的性格是温柔还是热烈的。这种回答表现出应聘者太急于表现自己的优点，却违反了真诚沟通的原则，会让面试官反感。

“谢谢！我妈跟我说，她年轻的时候比较喜欢文学，总是想追求一种阳春白雪的感觉，有点‘小资’，于是就给我起了雨晴这个名字。其实，我可是有一点名不副实，雨晴听起来很温柔婉约，我的性格倒是比较偏向男孩子。”

这个回答既轻松幽默地讲了自己名字的来历，又暗示了自己外向的性格，为沟通开了个好头，也容易给面试官留下积极有活力的好印象。

面试不做准备，成功的概率就会大打折扣，自然也就难以回答应聘过程中面试人员提出的问题。对面试中可能出现的问题有所预判，答案却准备错了，也会适得其反。下面，我们就面试中常见的问题以及回答方式，进行简单分析。

1.“请你自我介绍一下！”

这个问题在面试开始时，往往都会出现，目的是了解应聘者的心理承受能力、逻辑思维能力、演讲能力，而生平介绍却是次要的，因为应聘者的简历中已经有了描述。因此，回答这个问题时要做到以下几点：

（1）内容要与简历保持一致。

（2）表述方式尽量口语化。

（3）突出重点，不谈无关的内容。

（4）条理清晰，层次分明。

（5）注意语气和肢体语言的使用。

2.“你有什么业余爱好？”

这个问题的目的是了解应聘者的性格、观念、心态、思维深度等，为了深入了解应聘者的爱好程度，可能还会出现更加深刻的问题。例如应聘者喜欢打篮球，可能会出现相关问题：“从什么时候开始喜欢打篮球的？你最喜欢哪个运动员？”如果真正有这方面的业余爱好，就应该能对答如流。回答此类问题要做到以下几点：

（1）事先做好这方面的准备。

（2）不要说自己没有业余爱好。

（3）不要说庸俗的、令人反感的爱好。

（4）不要说自己根本就没有的业余爱好。

3.“你为什么选择我们公司？”

这个问题的目的是了解应聘者的求职动机、愿望及工作态度等，面试官通常欣赏那种对公司很了解的应聘者。因此，回答这类问题时，应聘者要做到以下两点：

（1）从行业、企业和岗位这三个角度来回答。

（2）前期准备工作要做好，对应聘公司做一个详细了解，尤其是企业文化和价值观。

参考回答："我非常看好贵公司所在行业的前景，而且我认为贵公司十分重视人才，这个岗位也很适合我，相信自己一定能在这个岗位做出成绩。"

4."对这个工作岗位，你有什么看法？"

这个问题的目的是了解应聘者的预测能力，大多数应聘者或许能看到问题，但回答出应对方法的人却少之又少。回答这类问题，应聘者应该做到以下几点：

（1）从技术、知识、经验等方面，预见前景与困难。

（2）表明自己面对困难时所持有的态度。

（3）如果有岗位工作经验，可以对应对方法做出简单陈述。

5."公司为什么要录用你？"

这个问题的目的是了解应聘者是否能够站在招聘单位的角度来回答，是否了解用人单位的用人需求。回答这个问题，应聘者要做到以下几点：

（1）表现出对这份工作感兴趣，有足够的信心。

（2）表明自己的观点，例如："我符合贵公司的招聘条件，凭我目前掌握的知识、技能、高度的责任感、良好的适应能力及学习能力，完全能胜任这份工作。"

（3）真实坦诚，切勿说大话、谎话。

6. “您从前一家公司离职的原因是什么？”

这个问题的目的是了解应聘者的心态，用不良心态贬低自己离职的公司是面试的大忌，没有任何一家公司喜欢这样的员工。因此，回答这个问题，应聘者要做到以下几点：

（1）避免将离职原因说得太详细、具体。

（2）不要表述主观的负面感受，例如“太辛苦”“管理太混乱”“公司不重视人才”等。

（3）也不能避而不谈，可以用“想换换环境”“个人原因”等回答。

（4）不要在回答时显示出个人的负面特征，如不诚实、懒惰、缺乏责任感等。

（5）有一颗感恩的心，这比什么都重要。

回答客户提问，主导客户思维才是王道

▶ 回答问题要以挖掘客户需求为目的，不能为了回答而回答。同时，回答完问题并不是结束，还要学会给顾客提出建议。能够引导消费者完成消费行为的回答，才是完整的回答。

有位汽车销售员，他之前为客户推销汽车时，总是这样说："这位先生，现在您只需付 50000 元就能拥有这辆汽车了，您看怎么样？"然而客户经常保持沉默。

后来，这位销售员改变了策略，通过不断挖掘客户需求的方式来促成签单。

销售员："您想要哪种类型的汽车？是家庭经济型还是豪华越野型？"

客户："我想要家庭经济型。"

销售员："您想要内部空间大一些的还是空间有限但舒适度更高的？"

客户："哦，我想要舒适度更高一些的。"

销售员："您喜欢什么颜色？黑色还是白色？"

客户："我更喜欢黑色。"

销售员："那您想什么时候提车呢，是一周内还是一个月内？"

客户："当然是越快越好了。"

当客户回答完了所有的问题后，销售员带客户来到一辆汽车前，并拿出一张订单，微笑着说道："这位先生，您可以马上拥有这辆车了，请在这儿签字。"

工作中，为什么有些从业人员总被客户一连串的问题刁难住，被客户牵着鼻子走，而有些从业人员却能举重若轻，在不知不觉中就掌握了沟通的主动权，挖出了客户的真正需求，达成最终的销售目的呢？用一个关键词来解释就是"主导"。

什么是主导呢？回到上面的案例，汽车销售员所问的一切问题都是在假定客户已经有购买意向，只是还没决定买哪一辆的基础上提出的，这就是主导。销售员的问题主导了客户的思维，将"要不要买"转变成了"买哪一辆"。

面对客户的提问，我们不能停留在客户的问题表面上，而是要掌握谈话的主导权，推动交流往下进行，通过仔细观察和倾听，挖掘出客户内心的答案和需求点。以销售人员为例，销售过程中，销售人员不仅要为客户答疑解难，还要发现客户真正的兴趣点在哪里，然后根据客户的兴趣点给予合理的建议，促成交易的完成。例如下面两个汽车销售的场景。

场景一

客户："这辆车有几个气囊啊？"

销售人员："我们这辆车有六个气囊，能全面保护您的驾乘安全，另外我们这辆车还有ABS（防抱死制动系统）、EBD（电子制动分配系统）、VSA（车辆稳定性控制系统）……”

客户：“知道了，你卖车，肯定说这车好，我自己看看吧。”

场景二

客户：“这辆车有几个气囊啊？”

销售人员：“您的这个问题非常好，看来您非常关心车辆的安全性能吧？”

客户：“当然，安全至关重要啊。”

销售人员：“衡量一辆车的安全性，要从两个方面来考虑。”

客户：“哦？哪两个方面？”

销售人员：“看一辆车的安全性能，一是碰撞前的主动安全，二是碰撞发生后的被动安全。”

客户：“什么是主动安全？什么是被动安全？”

销售人员：“主动安全简单说就是碰撞前开始工作的安全系统，例如ABS、EBD、VSA……被动安全就是碰撞后尽可能减轻人员伤害的，例如我们标配的六个气囊、预紧式安全带……”

从上面的例子我们可以看出，第一位销售人员在回答顾客提问时，是被客户牵着鼻子走的，而第二位销售人员则展现了非常强的话语主导权，引导着客户的思维。这也说明，如果只是被动回答客户的问题，即便拥有再专业的知识，产品再优秀，在客户眼里也不过是自夸而已，从而很难完成销售任务。

要想回答好客户的提问，主导客户的思维，最佳的方法就是利用人的好奇心，用一句归纳式的带数字的话来回答，这样就能够很好地引起对方的好奇心。例如：

“买房一定要从五个方面考虑！”

“职场成功需要掌握五大秘诀！”

利用回答主导客户思维模式，简单地说就是在对某个问题回答之前，先说这个问题应该从几个方面来考虑，通常接下来的交流，就能够引导客户的思路和思考方向了。与客户交流无非就是听和说，因此不仅要回答，倾听和提问也同样重要，最终的目的是与客户达成共识，这些都需要我们从回答问题的习惯上开始养成。

面对客户投诉，客服需掌握的应答技巧

▶ 身为客服，要学会用平常心去对待客人和理解客人，在不影响其他客人的情况下，引导客户将不良情绪发泄出来。等客户的心情平静下来，才更有利于弄清问题和解决问题。

某日傍晚，一个旅游团回到下榻的饭店，没过几分钟，领队就光着脚来到大堂，怒气冲冲地向前台投诉客房服务员。

原来，旅游团早晨出发时，这位领队要求楼层客房服务员为房间加一卷卫生纸，这位服务员只将客人的要求写在了交班记录本上，并没有特别强调指出。

接班的服务员看到客房卫生间内还有半卷卫生纸，就没有再加，结果导致了这位领队的勃然大怒。他光着脚站在大堂中央大声说：“你们的服务简直糟透了。”

值班的客房部经理刘姐很快赶到。看到这种情景，她一边让服务员拿来一双舒适的拖鞋，一边安慰领队说：“是我们的服务不够好，请您消消气，我们到会客室里面坐下来谈，好吗？”

领队的态度渐渐缓和下来，刘姐耐心地询问了整个事件的经过，最后她代表饭店向旅游团的每个房间都派送了一卷卫生纸，并向这位领队赠送了致歉果盘，事情就这样得以圆满解决。

身为客服工作人员，除了要为顾客解答相关专业问题之外，有时还要面对客户的投诉。客户投诉时，通常都表现得情绪激动，言语咄咄逼人，就像上面案例中的领队那样。那么，身为客服人员，面对客户的投诉，要掌握哪些应答技巧呢？

还是说上面的案例，事情发生后，据该团导游介绍，原来这位领队对旅行社当天的行程安排不满，心情不好。如果正常情绪下，卫生纸这件小事打个电话给客服中心就可以解决了，但这时领队心里正憋着火气，这件小事无疑就成了宣泄不良情绪的导火线。

处理客户投诉时，要有正确的认识才能做出正确的处理。让我们再来分析一下饭店客房经理的处理方式。首先，刘姐让服务员为客人拿来拖鞋，并真诚地道歉，这一举动极大地缓和了顾客的情绪；其次，她耐心倾听客户陈述事情原委，并没有将客人投诉当作鸡蛋里挑骨头，而是最大限度满足了客人的要求。

除了极个别故意挑事的客户外，多数客户都是讲道理的。身为客服，要学会用平常心去对待客人和理解客人，在不影响其他客人的情况下，引导客户将不良情绪发泄出来。等客户的心情平静下来，才更有利于弄清问题和解决问题。通常，面对客户投诉，客服应答时应该把握以下五个原则：

1. 认真聆听

倾听是处理投诉的首要技巧，认真倾听可以缓解客户情绪，有助于抓住顾客投诉的要点。

2. 认同感受

绝大多数客户投诉都是有原因的，身为客服，要明白客户情绪激动并不是冲你发火，而是真的有问题存在。如果客服能够站在客户的立场上，表示感同身受，这会拉近双方的距离，有助于问题的解决。

3. 立即响应

对客户的投诉做出及时的处理，响应速度体现的就是一种态度，要让客户感觉到，客户才能安心。

4. 持续反馈

无论客户投诉的事件有没有处理好，都要及时将信息反馈给客户。

5. 超越期望

客服在处理客户投诉方面，“善终”比“善始”更为重要。这里的超越期望是指客服的服务态度超越客户原本的期望，这会给问题的处理留下很大的余地。

一位客户致电某服务中心，因接听繁忙，接听一直处在电脑服务中，等了很久才有人工客服接听电话。

客服：“您好！我是77号客服，竭诚为您服务，请问，我有什么可以帮助您的吗？”

客户：“你能不能让我少等一会儿？”

客服：“哦，今天电话特别多，一下忙不过来，您有什么事？”

客户："你们为什么不多配点人？"

客服："那是我们领导的事，我也想人多点呀！"

客户："那你们领导总是让我们花大把时间等，难道顾客的时间就不值钱吗？"

从上面的对话中我们可以看出，客户对于客服的回答是不满意的，虽然客服人员一直在克制自己的情绪回答客户的提问，但是客户却并不买账。

这位客服人员在回答客户问题时，违背与客户沟通的原则，没有耐心倾听客户的抱怨。身为客服人员，在对客户保持礼貌的基础上，要学会挖掘客户需要解决的问题，尤其是在客户有情绪或个性比较特别的情况下，更要如此。

进阶攻略

一套模板回答完客户的常见问题

回答客户的问题，要以挖掘客户需求、推介产品卖点为原则。如果违背了这一原则，再精妙绝伦的回答也是无效的。

有一位青年，以自己白手起家的父亲为荣，他也想做一番事业。

于是，他历尽艰险，在热带雨林中找到了一种高达 10 多米的树，这种树在整个雨林也只有一两棵。

如果砍下一年后让外皮朽烂，留下树心沉黑的部分，就会有一种奇妙的香气散发出来，如果放在水中，不会像别的树木一样漂浮，反而会沉入水底。

这位青年将这种奇香无比的木材运到市场去卖，结果无人问津，这让他十分烦恼。

可是他发现有很多人卖木炭，并且买的人很多。于是，他就把香木烧成木炭，挑到市场上去卖，很快就卖光了。

青年为自己的改变而自豪，回家将这件事告诉了他的父亲。不料，父亲听完后，长叹了一口气说：“这种树木，只要切一块磨成粉屑，价值也要超过你卖一年木炭的啊！”

原来，青年烧成木炭的香木是极珍贵的树木——沉香。

销售人员要想在销售中获取更大价值，就要挖出商品的最大卖点。通常，一件商品往往具有多种用途，也就具备了多个卖点，如果看不到商品的最大价值，就会像上面小故事中的青年那样，因小失大，犹如端着金饭碗，却用来乞讨一样！

对于销售人员而言，回答客户的提问不仅是对产品功能及客户疑问的解答，更重要的就是挖掘客户的需求点，并根据客户需求，将产品卖点推介给客户，达成销售目的。许多销售人员面对客户刁钻的问题时，常常能够随机应变，给出令人满意的答案，却总是在常见问题上“摔跤”。下面我们就来看看在销售过程中的常见问题应该怎样回答。

1.“价格怎么这么高？”

答：“您认为我们的产品价格高在哪里呢？在现有市场上，同档次的产品基本上没有比我们更便宜的，如果您说的是那些小厂的品牌，那些确实是比我们的价格还低，但质量上和我们的产品绝不是一个档次的。”

2.“你们产品的价格是多少？”

答：“您之前对我们的产品有了解吗？我先给您介绍一下我们这款产品……”

3.“你们的产品价格为什么这么低？”

答：“您问的正是我们产品的关键。第一，我们具有规模优势，降低了整体成本；第二，我们的经营思路是坚持走性价比的道路。”

4.“你们的产品质量有保证吗？”

答：“当然有保证。首先，我们公司的核心竞争力就是技术开发能力；其次，我们的技术服务队伍实力雄厚，随时可以为您解决质量上的后顾之忧。”

5.“产品出了质量问题怎么办？”

答：“谁都不希望产品质量出问题，我们公司会严把质量关。如果真出现了质量问题，我们就按合同协议处理，绝不让您有任何后顾之忧，我们的服务队伍也会竭诚为您服务。”

6.“没返利？那怎么做？”

答：“那您说的返利是多少？有返利的产品的价格又是多高？我们也可以定返利啊，那产品价格绝对就不会这么便宜了，可以说我们是把利润先让了出来，这样使得您的资金利用率可以更高！”

7.“听说你们服务不好。”

答：“您听谁说的呢？我都从来没听说过，既然您对我们的服务有所了解，那请您告诉我们问题出在哪儿，这对我们服务工作的改进大有帮助，期待您的指正与批评。”

8.“听说你们质量不好。”

答：“您听谁说的呢？我都从来没听说过，既然您对我们的质量有所闻，那能否请您指出我们产品质量差在哪里，这对我们提高产品品质量来说，也是宝贵的经验积累。”

9.“你们的价格能不能再低一些呢？”

答：“现在的价格绝对是我们的最低价了，如果还有比我们产品还低的价格，只有两种可能性：第一，跟我们的产品不是一个档次的；第二，质量上是没什么保证的。价格方面，我们能做到性价比更合理，也会让您的利润空间更大，在销售策略方面也会有更多的选择。”

10.“你们的包装不好看，好不好卖啊？”

答：“十个人有十种审美观，只有产品质量好，才是硬道理，您说呢？”

总之，回答客户的问题，我们要以挖掘客户需求、推介产品卖点为原则。如果违背了这一原则，再精妙绝伦的回答也是无效的。在不同场合面对不同客户、销售不同产品、洽谈各种合作时，我们可选择的回答方式也不是一成不变的，只要坚持这一原则，掌握回答的规律，就能做出更加有效的回答。

另外，不懂的问题不要装懂，诚实比浮夸给客户的感觉要好得多。遇到不懂的问题，我们可以直接说自己在这方面不是很了解，可以回公司咨询其他专业人员后再给予答复。经验告诉我们，对客户的问题敷衍地回答，客户大都能感觉到，而且会直接导致客户对我们的信任度降低。

第七章

主宰自己生活的女人最幸福

遭遇催婚，怎样回答才能解决问题

父母常常将子女当作自我的延续，他们不仅将自己的期望与未完成的愿望投射到子女身上，还会把自己的不安和恐惧加诸子女。因此，身为子女，坚持自己的观点和原则很重要，但是在沟通过程中要对这种客观存在的因素加以包容。

著名的古希腊寓言家伊索，年轻的时候给贵族当过奴隶。

有一次，他的主人设宴请客，客人大都是当时希腊的哲学家，主人命令伊索备办酒肴，且要做最好的菜招待客人。于是，伊索专门收集各种动物的舌头，准备了一席“舌头宴”。

开席时，主人大吃一惊，问：“这是怎么回事？”

伊索回答说：“您吩咐我为这些尊贵的客人办最好的菜，舌头是引领各种学问的关键，对于这些哲学家来说，‘舌头宴’不是最好的菜吗？”

客人都被伊索说得频频点头，哈哈大笑起来。

主人又吩咐伊索说：“那我明天要再办一次宴席，菜要最坏的。”

到第二天开席上菜时，依然全是舌头，主人一见此状，便大发雷霆。

伊索却镇定地答道：“难道一切坏事不是从口出的吗？舌头既是最好的，又是最坏的东西！”

最终，主人被驳得哑口无言。

父母的催婚就像故事中主人的命令一样，无论对错都应该予以正面的回应。至于回应的方式则十分开放，问题本身没有对错，那么答案也就没有对错，关键是要解释得合情合理。只要你能在情理上与父母达成一致的观点，催婚的问题本身就没那么重要了。

父母对于儿女的终身大事是非常关心的。当看着儿女事业有成，却唯独少了另一半时，一场催婚大戏便即将上演。尤其是春节这个本是全家团圆的幸福时刻，如今却让有些年轻人感到害怕，为什么呢？因为怕回家被七大姑八大姨问："找对象了吗？什么时候结婚？"

有些网友诉苦"独在异乡是单身，每逢佳节被催婚"，虽然是句玩笑话，却反映出了当前社会和家庭的现实问题。父母有父母的立场，儿女有儿女的观点，当我们遭遇催婚时，反抗越强烈越会适得其反，那么我们应该怎样应答呢？

首先，我们要肯定的是，很难与父母在这方面达成共识；其次，我们要对父母表示尊重；再次，我们要知道，他们确信他们这样做是对儿女好。因此，要想让沟通能够进行下去，我们可以考虑从以下几个方面来应答。

1. 将"立场"转变为"需求"

父母的立场是"我希望你尽快结婚"，子女的立场是"我不想结婚，至少目前还不想结婚"。如果双方都只关注立场，那么就会让沟通陷入僵局，此时不妨反问父母，为什么他们希望我们尽快结婚。

2. 保持有效倾听

出于对父母的尊重，问“为什么”之后，要认真倾听他们的回答，减少对立情绪，帮助父母更好地理解你的需求。另外，用自己的话复述一遍与父母确认，以确保自己真正理解他们所说的。

3. 尝试向父母证明你理解他们的需求

当了解了父母的真实需求后，你可以根据自己的实际情况，向父母表示你也非常理解他们的这些需求。例如，父母希望儿女幸福，希望儿女过上安稳的生活，希望在自己年老的时候有人照顾他们，希望当祖父母……

4. 实现需求

也就是将对话聚焦于如何让这些双方共有的需求成为现实。例如，父母通常都希望你过上幸福、安稳的生活。你可以向父母解释，你十分满意自己当前相对自由的生活。在“父母年老的时候有人照顾他们”和“希望当祖父母”这两件事上，你可以解释说你不想随随便便结婚，你希望找到一个值得自己真心爱慕和尊重的人。这样的人才会敬重和照顾父母，将来才会是一个负责任的父亲或母亲。仓促草率的婚姻可能会以离婚和不幸收场，这对父母和自己都不是件好事。

以上的办法不保证百分之百沟通成功，因为有些父母很可能不接受任何形式的谈判，尤其是父母在与子女交流过程中，往往情绪会遮蔽理智。而我们需要做的是，通过回答敲开与父母沟通的大门，只要这扇门打开了，一切问题都能得到解决。

情侣之间，换位思考的接话更温馨

▶ 爱情不是一个人的事，当双方都愿意站在对方的角度来思考问题，了解对方的需求，用足够的包容和耐心去接话时，幸福就会降临。特别是女性，要发挥出温柔体贴的特质，让自己的魅力值倍增。

某天，丈夫开车接妻子回家，妻子坐在副驾驶座位上一直唠叨个不停，“慢些”“小心”“快减速”“音乐调小点”……

“啊——”丈夫忍不住大喊出来，“别烦了，我会开车！”

妻子这才平静下来，慢慢地说道：“我当然知道你会，我亲爱的丈夫。我只是想让你知道我在炒菜时你在我旁边喋喋不休，我是什么样的感觉。”

“哦，对不起，我亲爱的太太。但愿今后再也不会有这样的事了。”丈夫也平静了下来。

从此以后，夫妻二人都懂得了换位思考，感情生活更加融洽了。

情侣之间的沟通是一门学问，然而许多人显然对此还没有达到入门的级别，沟通出现问题是许多情侣产生感情危机的主要因素。情侣之间的情投意合，除了眼缘之外，更加重要的就是沟通了，沟通是否顺畅，往往就体现在一问一答之间。例如：

有一天，小英的男朋友发脾气，小英就对他说："我不喜欢你发脾气，但我知道男人的肩膀总是承受着家庭和事业的双重压力。如果你心里有什么不开心的事，一定要提前告诉我。这样我就可以让你发泄一下，但不许多，一天最多 20 次。"

小英的男朋友听后"扑哧"一笑，顿时，所有坏情绪都一扫而光。

人与人相处时间长了之后，交流就非常容易受情绪影响，好的、坏的都有，更何况是朝夕相处的情侣或夫妻。因此，在回答对方问题的时候，要多站在对方角度思考问题，往往对方想要得到的答案完全不是问题表面呈现出来的那么简单。这时，就要注意以下几点。

1. 学会倾听

我们经常可以看到沉默的伴侣，造成这样的情况通常是因为沉默的一方在语言斗争中失败了，便采取不沟通的策略。

2. 爱没有对错

许多情侣在遇到问题时，喜欢辩个对错输赢，但爱情哪有什么赢家，实际上，在争输赢的过程中双方都输了，忘记了最初沟通的目的。当双方意见不合时，想想双赢的解决方法，这比无休止地争论对错，一味争输赢要好得多。

3. 避免表达负面情绪

当心中充满负面情绪时，要设法让自己平静下来，不要让情绪来主导对话。当心绪平静时，你才能传达出内心真正所想，即便一时沮丧，对方依然能够感觉到你的爱意。

4. 注意语调

同样的回答，倘若用不同的语调就会产生不同的效果。例如你撒娇地说“你这人怎么这么坏”与你生气地怒吼“你这人怎么这么坏”将是两种不同的意思。说话的声调总是能够反映人的精神和情感状态，因此情侣双方必须要知道，说话的语调和所讲的内容同样重要。

5. 用眼睛回答

相关研究证明，每天对视 15 分钟的家庭成员，比没有眼神交流的家庭成员对于幸福的感受度要高 70%。情侣间对话时要学会让自己的眼睛参与进来，表达你所有积极正面的感觉。

谑而不虐，生活必不可少的玩笑话

▶ 会开玩笑的女人令人无法抗拒。开玩笑可以拉近我们与陌生人之间的距离，可以让气氛轻松起来。开玩笑不仅需要随机应变的机智，还需要随时都保持一颗快乐、自信的心。

玛丽到一个陌生的城市出差。傍晚，她走进一家小旅馆，准备在那里住下来。

"一个单间带供应早餐要多少钱一晚？"玛丽问旅馆老板。

"不同的房间价格不同。二楼房间一晚 150 美元，三楼房间一晚 120 美元，四楼房间一晚 100 美元，五楼房间每晚只要 90 美元。"

玛丽考虑了几分钟，然后提起箱子就走。

"小姐，您是不是觉得价格太高了？"老板问。

"不，是您的房子不够'高'。"玛丽回答道。

开玩笑不仅是一种语言的艺术，更是一种智慧的体现。善用幽默，不仅可以帮我们解决许多难以回答的问题，还能缓解尴尬的气氛，可以说玩笑话是应答过程中必不可少的元素之一。上面的例子中，旅馆老板问："小姐，您是不是觉得价格太高了？"这个问题其实不难回答，只需要答“是”或“不是”即可，而玛丽回答：“是您的房子不够‘高’。”这种委婉又诙谐的回答方式，既表达了自己的观点，又避免了不必要的矛盾。

开玩笑可以达到缓和气氛的效果，但不择场合的玩笑话反而会引起听者的恐慌，例如：

病人：“护士小姐，我害怕扎针，你能不能小心点？”

护士：“您放心吧，我刚毕业，今天第一天上班，我会认真给您扎针的。”

乘客：“司机先生，我第一次来这座城市，我想看看这座城市的风貌，您能不能开慢一点？”

出租车司机：“那太好了，我昨天刚拿到驾照，今天是第一天上路，是应该开慢点。”

在外人看来，这的确很好笑；作为当事人，恐怕就不这样认为了，听到这些话内心一定充满不安与担忧，因为对方的玩笑已经足以让当事人感到威胁。因此，玩笑话要运用得体才能发挥其应有的作用，尤其是在生活中，千万不要拿别人的隐私开玩笑，因为这不仅会引起他人的反感，甚至会造成恶劣的后果。例如：

张丽结婚刚 3 个月，孩子就出生了。她的亲朋好友纷纷前来祝贺，其中一位朋友带来的礼物是一些小孩子上学时用的文具。

有朋友好奇地询问道：“你怎么给小孩子送文具呢？是不是有点太

早了？”

这位朋友回答说：“不早！本该9个月出生，偏偏3个月就出生了，我想再过5个月，肯定可以去上学了，所以我才为他准备了文具。”

此话说完，在场的人顿时哄堂大笑，但张丽和她的丈夫却十分尴尬。

因此，开玩笑一定要坚持得体的原则，且要掌握好分寸，通常要注意以下几点。

1. 内容高雅

玩笑话的内容体现了一个人的思想情趣与文化修养，内容健康、格调高雅的玩笑话不仅能带给对方精神享受，还能给对方留下好印象。

2. 态度友善

开玩笑的过程也是情感相互交流传递的过程，对人友善是衡量玩笑话的一个重要标准，切忌开着玩笑对别人冷嘲热讽。

3. 区别对待

每个人对玩笑的承受能力不同，同样的玩笑，你能对甲开，不一定能对乙开。同时还要注意，男女之间、上下级之间，玩笑话虽然可以有，但是必须要把握好分寸。

4. 分清场合

开玩笑要分清场合，并不是任何场合都适合开玩笑，尤其是在庄重严肃的场合，切记不能随意开玩笑。

要记住，不是什么玩笑都值得开，低级玩笑只引人发笑，高级玩笑才耐人寻味。开玩笑要有创意，要形成自己的风格，联想和想象是必不可少的，尽量做到简约、含蓄。另外，还需要发自真心，这样才能将内心的快乐与自信，通过语言传递出去，让他人感受得到。

不同场合，把握好接话的分寸最重要

▶ 女性交际最重要的就是尺度和分寸。接话的方式在不同场合、不同环境中有所不同，我们平时应该为自己在不同场合多准备几套应酬话术，花一点点时间用心准备是非常必要的。

杨琪是某房地产公司新来的秘书，长得漂亮，性格也活泼，同事们对她第一印象非常好。但渐渐地，她看同事都对自己不错，就随便起来，总喜欢拿人开玩笑。

一天，她到总经理办公室送一份文件，碰巧合作商王权也有份文件需要签字，两人一同进了办公室。总经理了解情况后，对她说：“你稍等一会儿。”然后，拿过王权的文件，仔细看过后签了字。

王权接过来一看，连连夸奖：“章总，您的签名可真气派！”

这时，站在一旁的杨琪一阵坏笑，接过话头说：“这话还真让你说着了，我们章总暗地里都练了三个月了，签名能不气派吗？”此言一出，总经理和王权同时陷入尴尬，总经理连忙以请王权喝他新买的好茶来转移话题。

送走王权之后，总经理绷着脸，怒气冲冲地批评杨琪：“你也是领导身边的人，说话怎么能这么随便呢？你要知道，员工在客户面前说的每一句话都直接代表着公司的形象！希望你今后好自为之！”杨琪面露愧色地退出了办公室。

同样的话，在不同的场合中，有不同的接话方式，不能千篇一律。如果是在比较轻松的场合，开开玩笑倒也没什么，但是在办公室里当着客户的面开领导的玩笑就太过分了。有时接话的方式不是由你和对方的关系决定的，而是根据场合而定的。那么在不同场合中，都要把握哪些接话的原则呢？

1. 话到嘴边留三分

也就是说，回答问题时，要给自己留有余地。俗话说，“打人不打脸，骂人不揭短”，尤其是在公众场合，无论大家是多么熟悉的朋友，回答对方问题时也不宜揭短，令对方陷入尴尬境地。这不仅损害对方在公众中的形象，也会降低自己的形象，而且会造成彼此间的矛盾。

2. 公共场合，言多必失

常言道，“言多必失”。在公共场合回答问题时，要言简意赅，如果总是没完没了地讲，啰唆不说，言语里肯定会不自觉地暴露出许多问题，而且还会引起他人的反感。因此，在人多的场合，回答问题要尽量少说，做到掷地有声才能让别人信服。如果唠叨个没完，很容易暴露自己的弱点。

3. 正式场合，用语要得当

俗话说，“关起门来可以无话不谈”，甚至说一些放肆的话，但在公共场合或者有外人在场时，回答就要讲究分寸了。也就是说，回答也要注意正式场合和非正式场合。正式场合回答时要严肃认真，事先要有所准备，不能乱答一通。回答应遵循内外有别的原则，让人觉得你是一个识大体、有修养的人，如果打破了这一界限，很容易就会成为别人指责的对象。

4．说话要注意语气，要把握好尺度

回答要与场合中的气氛相协调。别人办喜事的时候，千万不要说悲伤的话；人家悲恸的时候，不要说逗乐的话。古有“一语千金”之说，也有“妙语退敌兵”之事，能说会道也是一种本领。我们要重视答的作用，还要讲究答的艺术，针对不同场合、不同对象，选用最得体、最恰当的语气来回应，才能收获最佳的效果。

进阶攻略

善用反问，平中出奇

▶ 有些场合，会有人提出一些十分敏感的问题来刺探你真正的意图，或故意刁难你。遇到这样的问题，用间接的方式来作答，往往能收到很好的效果。

一次，作家刘绍棠到某大学讲演时，对于学生提出的各种问题，他都作了坦率的解答。这时，一位女学生递上一张纸条，上面写道："既然文学要真实地反映社会生活，那你为什么总唱赞歌，不唱悲歌呢？"

读完这一尖锐问题，刘绍棠想了一下，便问那位女生："你喜欢照相吗？"见女生直点头，刘绍棠反问道："你脸上有光滑漂亮的时候，也有脏污不净的时候，那你为什么不在脸上脏污的时候去照相呢？"这一问，引得周围的人都情不自禁地笑了。

反问是接话的又一种重要形式，通常用于反驳对方的观点，应对不友好的提问。上面的案例中，刘绍棠直接揭示了对方论点的偏颇，抓住对方的漏洞进行回应，并以反问的方式令对方无法辩驳，而这也正是所谓的"打蛇打七寸"。

反问也就是反过来问，变回答为提问。往往在回答问题的过程中，出其不意的反问会让对方自乱阵脚，收获意想不到的回答效果。常见的反问类型有下面几种。

1. 机智型反问

萧伯纳在由他的剧本《武器和人》改编的舞台剧演出结束后，走上舞台向观众致意，一个人喊道："萧伯纳，你的剧本糟透了，谁要看？收回去，停演吧！"

萧伯纳彬彬有礼地回答说："朋友，我完全同意你的意见，但遗憾的是，我们两个反对那么多观众有什么用呢？我们能禁止这剧本的演出吗？"

2. 幽默型反问

妈妈："你要哪个苹果？"

女儿："我要大的。"

妈妈："你应该懂礼貌，要小的。"

女儿："妈妈，懂礼貌就得撒谎吗？"

3. 讽刺型反问

地主在半夜催长工说："天亮了，还不起来干活？"

长工说："等我捉了虱子再去。"

地主说："天这么黑，能看见虱子吗？"

长工说："天这么黑，能干活吗？"

4. 肯定型反问

唐太宗李世民问大臣魏徵：“守天下难不难？”

魏徵回答说：“非常难。”

李世民说：“我任用德才兼备的人为官，又听从你们的批评意见，守天下还难吗？”

魏徵说：“古代的帝王，打天下的时候，能够注意用人和听从意见；一旦打下天下，只图安乐，不喜欢别人提意见，导致亡国。所以，圣人说‘居安思危’，指的就是这个，能说守天下不难吗？”

5. 抒情型反问

《谁是最可爱的人》片段：“朋友，当你听到这段英雄事迹的时候，你的感想如何呢？你不觉得我们的战士是可爱的吗？你不以我们的祖国有着这样的英雄而自豪吗？”

6. 悬念型反问

张三问李四：“王五最近好吗？”

李四说：“你问他？他出事了，你不知道？”

另外，有些接话方式虽然没有一个问句，但也跟反问一样，属于回击方式的一种。例如，有一次丘吉尔访问美国，一位反对他的美国女议员对他说：“如果我是您的妻子，我会在您的咖啡里下毒的。”丘吉尔笑着答道：“如果我是您的丈夫，我会喝下那杯咖啡的。”

综上所述，要想把话接得好、接得妙，并不是一件轻而易举的事，这要求接话者本身具备多种基本素质，如理论水平、文化修养、对事情的反应能力等。而这些素质必须经过长期积累，才能在各种复杂的场合运用自如。

第八章

镜头前的话术也要开“美颜”

面对镜头，心态比智慧更重要

▶ 女人在镜头前，都希望把自己最自信的一面呈现给观众。那么，对于记者采访的提问，一定要先做出一个基本的判断：这个问题我要回答吗？如果你决定回答这个问题，那么就务必让你的回答尽可能更有说服力。

郎平重掌中国女排帅印后，在一次世界女排大奖赛香港站的赛前新闻发布会上，与阿根廷、土耳其和捷克的主帅及队长一同面对媒体的提问。记者提问的焦点都聚集在曾经将中国女排带上巅峰的郎平身上。

记者提问："这战最大的敌人是谁？"

郎平笑着回答道："我们没有敌人，我们只有对手。"郎平的幽默，引来哄堂大笑，记者会在轻松的环境下进行下去。

记者又问："你心目中最强的组合有哪些人？"

郎平巧妙答道："我们就是最强的一队，全部22个球员。"

谈到目标，郎平坦言没想得太长远："光想是不够的，要想办法把自己的技术提高，在配合方面做得更好。我们每一天都有新目标，就是实事求是地练好每一天。"

郎平曾带领中国女排走上巅峰，又在中国女排最低潮的时候重掌帅印，可以说，背负的压力是非常沉重的。面对记者的提问，她不仅用轻松诙谐的语言回答了记者的问题，同时也传达出她轻松面对一切挑战的心态，还最大限度地降低了自己球员的比赛压力，可谓“一箭三雕”。

回答采访的问题，不仅需要智慧，更需要保持良好的心态。尤其是面对大媒体时，回答尖锐问题的目的，并不是要终结沟通，而是要让沟通能够在和谐的气氛中持续下去。因此，保持良好的心态才能积极面对尖锐的问题，轻松化解难题，将自己想要展现给公众的内心想法表达出来。

相对于其他类型的提问，回答记者的提问难度最大。首先，记者提问的针对性较强，而且记者提出的问题，一般都是经过精心准备的；其次，记者提出的问题，往往不是单一存在的，而是一连串的问题，如果不经过缜密思考就回答，很容易落入记者的问题圈套，被记者牵着鼻子走；再次，记者提出的问题，从表面上很难看出是善意的还是恶意的，往往意识到时，已经为时已晚；最后，有的时候，记者提出问题，并不一定是要你回答，而是为了激怒你来获取不可告人的利益。

因此，回答记者提问时，我们要遵循以下四个原则。

1. 分析问题的内容及目的

回答问题之前，我们要冷静分析，结合环境、事件、人员等因素，从多角度看待这个问题，给自己提出一些问题，例如：“他为什么要提出这个问题？他的立场是什么？”然后认真思考，逐一给出答案，这样就能把握问题的实质。另外，对问题进行思考时，一定要注意细节。

2. 做出正确判断，并根据判断回答问题

对问题做出深入分析后，再对问题做出系统、深入的回答和评价。正所谓“言多必失”，对于不懂或者知之甚少的问题，回答尽量模糊简短，不要给出肯定的结论。

3. 面对棘手事件的提问，要阐明观点

尤其是遇到舆论关注度高或者议论较多的事件，回答记者相关提问时，可以针对事件的未来走向和趋势做出推断和预测，也可以阐明自己的见解，提出意见。此时不回应或者逃避回答，都不是明智的选择。

4. 坚持原则

回答记者的提问最重要的原则就是坚持原则，这里的原则代表的是你的立场、你的观点。只有立场坚定，才能营造出掌控问答环节的气场，也会对提问者产生一定的威慑作用，让提问者不会随意抛出过分的问题。

时代变化让人们随时都有可能走到聚光灯下，即便是普通人。当我们面对镜头采访时，应答的智慧很重要，而心态更重要。我们要学会调整自己的心态，无惧记者的提问，同时也要善待媒体。懂得善待记者，尊重记者的提问，那么我们的善意自然也就会通过媒体传达给受众，从而形成良性互动。

软硬兼施，回答才能更加巧妙

▶ 高情商的女人柔中带刚，即使遇到刁难也能优雅地回击。在镜头面前，如果能巧妙地借用对方的措辞，以彼之道，还施彼身，能收到出人意料的震慑效果，这会让所有观众霎时对你肃然起敬。

在某国议会大厅的某一次演讲中，一位议员在台上慷慨陈词，台下的一位女议员却不时摇头。正在演讲的议员对此十分恼火，冲着台下的女议员愤怒地说："我想提醒尊敬的各位，我只是在发表自己的见解。"

女议员也不慌不忙地回答说："我也想提醒尊敬的演讲者，我只是在摇自己的头。"

女议员的回答非常有力度，对演讲的议员的话做出了强有力的回击，但是态度礼貌又幽默，让对方无从回击，这就是软硬兼施的回答效果。回应是为了沟通，面对媒体，回答记者的提问，同样是为了沟通，因此无论面对记者提出什么样的问题，在心理上一定要准备充足，才能做到冷静作答，不骄不躁。

即便是提前约好的记者，也要做好充足的准备，以防万一。记者的职业很特殊，为了报道更加详细，记者可能会对某些问题打破砂锅问到底，有些问题你想逃避回答都很难，只有对记者的连环问题做好充足的准备，才能在镜头前应付自如，给媒体和大众留下好印象。接受记者采访时，必须要掌控采访时机，争取占据主动，把握好谈话的方向。

另外，在接受采访时加入一些幽默元素，也会收到意想不到的效果。例如：

一次记者招待会上，某位女领导回答一位女记者的提问时说："这位小姐应该是四川人吧？提的问题都很辣。"

全场大笑，包括那位女记者。一个"辣"字，就充分说明了她提的问题的难度。这位领导接着说："辣是辣了点，可是我必须得回答，大家都等了我半天了，如果得到的只是我的含糊其词，未免扫兴，那我就太对不起记者朋友们了。现在，我就把这件事情的原委清清楚楚地讲给大家听。"

认真严肃地回答记者的提问没有问题，但如果一点儿表情都没有，就容易给人冷若冰霜、不近人情的感觉，通过媒介传播出去，也对回答者本身形象的塑造极其不利。因此，回答问题时，适当穿插一些轻松而幽默的题外话，不仅能活跃气氛，也会让沟通和传播的效果更好。

心态平和，对问题要积极回应

▶ 一般来说，高明的提问者都会主动引导回答者将事情表达清楚。而作为回答者，要学会保持尊重，不要轻易打断对方的提问，也不要一直沿着一个问题滔滔不绝。

2024 年巴黎奥运会上，全红婵夺得跳水女子双人 10 米台和跳水女子 10 米跳台两项金牌。赛后，央视女记者在节目中采访全红婵。

央视女记者："你想成为什么样的人？"

全红婵："我希望做我自己。"

央视女记者："如果让你见好就收，可能吗？"

全红婵："不可能。为什么要见好就收？我相信我还可以更好。"

央视女记者："你觉得你自己是不是天才？"

全红婵："我觉得我跳好了，把训练做好了那一刻才是天才。天才也没有大家所说的那么简单，其实这里的每个运动员都很刻苦……"

毫无疑问，记者的提问水平与他的个人修养和专业素质是分不开的。不同记者提出的问题，无论是深度还是难度，都有很大的差别。我们经常能见到，有些记者在采访过程中提出的问题非常高明，也有些记者提出的问题指向性很强，还有些记者提出的问题摆明了就是“挖坑让你跳”。因此，应对不同记者的提问，我们的回答方式也应该富于变化，这样才能应对得当。

全红婵在面对各种媒体采访时，回答总是很出彩，这与她丰富的训练经历是分不开的，这种经验的积累，为她在面对各种问题时提供了丰富的回答素材。因此，拓宽自己的知识面，丰富自己的人生阅历，积累经验，对于回答记者提问而言，十分必要。同时，在积累经验的过程中，让自己的心态变得平和起来，能够处变不惊，也是重中之重。那么，如果提问故意刁难，我们该怎样应对呢？

当记者或提问者有意刁难，此时千万不能冲动，要学会冷静思考问题的要点，寻找解答方式，不能给刁难者继续下套的机会，同时也要给自己留点退路，留下周旋的余地。具体方式可以参考以下几点：

（1）不要着急下结论。

（2）用举例的方式给予回应。

（3）题目较大的时候，从小处入手。

（4）问题比较尴尬时，谈别人。

（5）对问题一无所知时，谈相近的。

临场回答记者提问时，可以结合自己的知识阅历，进行现场发挥，学会不急不躁，面带微笑听取问题，然后严肃地回答，只有经过大量的准备，才能起到四两拨千斤的回答效果。

营造气场，掌握沟通的主动权

▶ 通常，提问者往往更容易掌控沟通的主动权，那么，我们要怎样巧妙地扭转局势，将主动权掌握在自己手中呢？

一次国际会议结束后，一位中国官员与外国的两位女官员告别。这时有一名记者问道："她们哪位才是您印象最深的女人呢？"面对这种问题，无论选择哪一方都不合适，因此这位官员没有正面回答，而是答道："我印象最深的女人此刻正在家中抱怨我怎么还不回家，抱歉，我要失陪了。"说完，官员优雅地离开了会场。

案例中的问题，涉及隐私话题，应对这样的问题，最好不要立即回答，而要尽可能绕过去。因为此类问题的难度，不在于人们是否关心这个问题以及这个问题是不是热点，而在于这类问题本身具有回答"失之毫厘"，听者将产生"谬以千里"的特质。

可以说，类似的敏感问题是一个放大镜，正反效果都能成倍放大：回答得体，效果会出奇地好，你在回答问题时显示出的能力和智慧，也会被人信服；如果回答不好，造成的负面影响便很难挽回。

因此，我们在面对记者提问时，首先要避免这类问题的出现，不能让记者牵着鼻子走，这就要求我们具备营造气场、掌握话语主动权的能力。

通常，提问者往往更容易掌控沟通的主动权，那么，我们怎样利用回答，扭转局势，在接受记者采访时，将主动权掌握在自己手中呢？

1. 尊重对方

回答记者的问题，首先要态度端正，对提问者保持足够的尊重，不要妄自尊大、盛气凌人，不要武断下结论，这样才能保持沟通的顺畅。

2. 适时回答

在记者提问的过程中，无论提出什么样的问题，我们都要保持良好的情绪，让对方把话说完，优雅而自信的态度本身就是最有力的回答。

3. 集中精力

例如，记者提出关于篮球比赛的问题，你的回答却是有关乒乓球比赛的内容，只会让人啼笑皆非。因此，在回答问题时一定要注意力集中，把握火候，避免出现尴尬局面。

4. 突出重点

回答问题要突出重点，不要滔滔不绝却答不到点子上，导致回答效果大打折扣。只要抓住重点，能一句话概括的，就不要啰唆。

5. 转移话题

遇到难以回答的问题或者回答者兴趣索然时，要学会转移话题。新话题一定要引人注意，这样才会让提问者忘记或放弃上一个问题。

6. 有错就改

回答记者的提问的时候，失言总是难免的，尤其是在情绪过于激动时，更容易发生，一旦言语有失，就要根据具体情况进行弥补。当提问者言语有失时，我们也要保持宽容，并积极主动地圆场，保证沟通的顺利进行。

进阶攻略

镜头前的问答技巧与应对策略

▶ 在镜头前回答问题，必须要了解媒体的提问规律及方式，这样才能制订出合理的回答策略。

在一次央视节目的采访中，主持人针对“女神”和“女汉子”两个关键词向董卿发问。

主持人：“您是怎么平衡‘女神’和‘女汉子’这两种特质的呢？”

董卿：“所有‘女神’的另一面都是‘女汉子’。如果没有那种坚持、没有那种韧劲、没有对自己狠一点的那股劲，是成不了‘女神’的。”

主持人：“那您能和我们分享一下您在工作和生活中是如何展现这两种特质的吗？”

董卿：“就拿主持工作来说，每一场节目都需要精心准备，从策划到台词的打磨，再到现场的应变，每一个环节都不能有丝毫的马虎。为了达到最佳的效果，我常常熬夜研究资料，反复练习台词，这需要坚韧的毅力和对自己的严格要求，这就是‘女汉子’的一面。而当我站在舞台上，以优雅自信的形象与观众交流，传递知识和情感时，这便是‘女神’的一面。”

董卿顿了顿，继续说道：“在生活中也同样如此。有时候为了完成一个目标，比如学习一项新的技能或者完成一个重要的个人项目，我会给自己制订严格的计划，克服各种困难去执行，这需要‘女汉子’的那种冲劲和狠劲。但同时，我也会在生活中给自己留出一些时间，去欣赏美好的事物，享受宁静的时光，以一种温柔、优雅的姿态面对生活，这便是‘女神’的时刻。”

主持人点点头，又问道：“那您觉得在当今社会，对于女性来说，这种‘女神’和‘女汉子’的结合是不是越来越重要了？”

董卿微笑着回答：“我认为是这样的。现代女性面临着各种各样的挑战和机遇，我们需要有‘女汉子’的坚强和勇敢去迎接挑战，去拼搏奋斗。同时，我们也不能忘记内心的柔软和美好，用‘女神’的姿态去感受生活的温暖和幸福。只有这样，我们才能在这个快速发展的时代中，保持平衡，实现自我价值。”

应对记者提问时，我们必须要了解记者与媒体的提问规律及方式，才能制订出合理的回答策略。正所谓知己知彼，才能做好充分准备，从容应对，收到四两拨千斤之效，进而掌控话语权，巧妙地应对各种难题。

那么，记者的提问有哪些规律呢？我们应该采用怎样的应对策略呢？

1. 追索——放大

即记者不断地追问某一个新闻事件，在追问过程中不断放大此类事件。应对此类型的提问时，回答者要对有关事件全面了解，准备充分，回答时不要紧张，陈述事实即可。

2. 矛盾——挑战

有些记者会将不相关的几件事物生硬地捏合在一起，做出矛盾式提问，甚至不排除个别记者有“寻暗”的心理。回答这类提问，不要被记者激怒，要善于看到矛盾式提问中记者真正想问的问题，按照自己的逻辑、思路来回答即可。

3. 质询——尖锐

即记者以不信任、质疑的态度为前提进行提问。回答者要清楚，记者提问不是刻意针对你，更不是故意诋毁，毕竟往往问题越刁钻，越能表现记者的水平，甚至会带来一系列的利益。因此，此类问题也给了回答者展示聪明才智的机会，要利用好这个机会将自己的智慧充分表现出来，而不是被激怒。

4. 假设——陷阱

也就是记者用“如果”“假设”“要是”等假设性词语来提问。对于这类问题，应对策略就是不回答。

5. 极化——不当推测

记者有时会在提问的过程中，对问及的事情进行推论、推测，其中有些推测是合理的，有些则不是，但是这种不当推理却让人感觉很有道理。应对这类圈套式提问，既可以用直截了当的方式，又可以采用类比、迂回的方式，明确指出其逻辑错误。

6. 推理——归纳演绎

记者以提问方式带领发言人进入思维推理过程，进行某种逻辑关系的推演，目的在于让回答者说出记者想让他说的话。回答这类问题，就需要我们具备强大的逻辑思维能力，在问题中找破绽，不能被记者的逻辑牵着鼻子走。

7. 加强——强迫回答

记者与回答者临时达成共识，先通过提问让回答者认可某些事实，然后根据这些事实用无懈可击的逻辑，使其不能不回答。应对这类问题，我们应保持敏锐的直觉，在回答过程中，随时警惕记者想问的最根源的问题。

另外，当记者提出特殊的、不能回答的或者回答起来有些困难的问题时，回答者不必试图刻意逃避问题，我们可以从事件的另一个方面或者另一领域来强调说明，引导大家的注意力转到与该事物相关的另一件事上。

附录

拿来就能用的
女人高情商接话模板

日常闲聊

1. 你吃饭了吗？

低情商接话：吃了。

高情商接话：如果你要请客，那我愿意再吃一次。

2.（发消息）在吗？

低情商接话：在。

高情商接话：你先说有什么事，我才好决定在不在。

3. 这件衣服好看吗？

低情商接话：好看。

高情商接话：比你上次穿那件还好看。

4. 这次多谢你帮忙。

低情商接话：不用谢。

高情商接话：都是朋友嘛！互相照应，应该的。

5．周末有什么出行计划？

低情商接话：没计划。

高情商接话：正在考虑要不要出去玩呢，你有什么好去处吗？

6．我好像长胖了。

低情商接话：是有点胖了。

高情商接话：我怎么没发现？不过你笑起来更有魅力了！

7．我感觉自己有点丑。

低情商接话：哪有，你挺好看的。

高情商接话：你这么说，我都怀疑自己审美出问题了。要不要一起去拍张自拍，证明给你看？

8．我真是太倒霉了！

低情商接话：可能最近运气不好吧。

高情商接话：也许是上天在为你酝酿更大惊喜呢！一起去吃顿好的，转转运，怎么样？

9. 好无聊啊！

低情商接话：多找点事做。

高情商接话：我有个好提议，要不要一起去实践下？保证你不会再说出“无聊”两个字。

10. 等一下，我现在很忙。

低情商接话：谁不忙啊？

高情商接话：看来你最近很抢手啊！有什么我能帮上忙的吗？

11. （给朋友送红包）一点心意，你一定要收下。

低情商接话：不用不用。

高情商接话：心意和红包我选最贵的收下啦！

12. 你多大年龄了？

低情商接话：24 岁，你呢？

高情商接话：朋友们都说我看上去像 18 岁，大概和你一样大。

13. 最近怎么样？

低情商接话：还行吧，就那样。

高情商接话：托你的福，一切都挺好的。你呢？最近有什么新鲜事吗？

14. 好久没见你了，在忙什么？

低情商接话：忙工作啊。

高情商接话：忙着充实自己，为以后和你们有更多话题可聊做准备呢！

15. 最近工作怎么样？

低情商接话：还行吧，就那样。

高情商接话：托您的福，工作顺风顺水。不过比起您的成就，我还要继续努力啊！

16. 最近工作忙吗？

低情商接话：还好，就那样。

高情商接话：再忙也要抽空跟你聊天啊。

17．你最近工作好忙啊！

低情商接话：都快累死了。

高情商接话：现在忙一点，以后就轻松一点。

18．你最近变化好大。

低情商接话：是吗？我没发现啊。

高情商接话：有你这样的朋友一直支持，我当然要不断进步啊！

19．你的名字真好听。

低情商接话：谢谢。

高情商接话：被你念出来好像更好听了。

20．你好像每天都充满期待的样子。

低情商接话：我也不知道为什么。

高情商接话：可能是因为每天都期待着遇见像你这样的人吧！

21．你怎么换工作了？

低情商接话：上一份工作太累了。

高情商接话：我觉得是时候寻找新的挑战了，正好这份工作能让我学到更多。

情感婚恋

22．你找到自己的意中人了吗？

低情商接话：一言难尽。

高情商接话：正在专心经营和自己的感情，等遇到对的人再说吧。你呢？有什么好主意吗？

23．你怎么还不生孩子？

低情商接话：还没准备好。

高情商接话：我这不是怕生了孩子，就没时间陪你了嘛。

24．你长得真漂亮。

低情商接话：谢谢。

高情商接话：我不漂亮怎么能跟你做朋友呢？

25. 你怎么还是单身?

低情商接话：缘分还没到吧。

高情商接话：我这不是在等你给我介绍一个吗?

26. 你今天的衣服看起来十分漂亮。

低情商接话：谢谢。

高情商接话：因为要见你嘛，所以要打扮得漂亮一些。

27. 你今天的发型很特别。

低情商接话：哦，随便做的。

高情商接话：特别到能引起你的注意，看来我的心思没有白费呢!

28. 和你聊天真轻松。

低情商接话：是吗？那就好。

高情商接话：那是因为你很会聊天，让我觉得和你说话特别舒服。

29．你笑眯眯的样子真可爱，有什么开心的事吗？

低情商接话：我一直这样的。

高情商接话：看到你，怎么可能不开心呢？

30．你看起来比实际年龄小很多。

低情商接话：真的吗？谢谢。

高情商接话：那是因为和你在一起，我都变得年轻了呢！

31．你喜欢什么类型的男生？

低情商接话：我也不太清楚。

高情商接话：像你这种会关心女生喜好的男生。

32．你觉得我怎么样？

低情商接话：挺好的。

高情商接话：我觉得你很有眼光，至少看人的眼光不错。

33．你喜欢什么样的约会？

低情商接话：随便，都可以。

高情商接话：只要是和喜欢的人在一起，做什么都是约会。

34．你会做饭吗？

低情商接话：当然会。

高情商接话：去我家做客就知道了，你肯定不会失望的。

35．你一点儿都不懂我。

低情商接话：（不高兴）嗯？

高情商接话：你的心浩瀚如宇宙，我还没有全部参透。

36．我最近好想你。

低情商接话：我也想你。

高情商接话：随便想，千万别客气，目前不收费。

37. 我喜欢你。

低情商接话：我也喜欢你。

高情商接话：你会读心术吗？不然怎么知道我心里想什么？

38. 我最近喜欢上了一个女生。

低情商接话：她一定很漂亮。

高情商接话：这么巧，我也喜欢上了一个男生，我们真是默契。

39. 老实说，你有多少个前男友？

低情商接话：呃……3个。

高情商接话：为了遇见你，我排练了很多次。

40. 你现在是一个人吗？

低情商接话：嗯。

高情商接话：恐怕半个人要吓坏别人吧！

41．（网络聊天）怎么不说话了？

低情商接话：抱歉，有点事。

高情商接话：你还是不要用真人头像了，总是让人看得入迷，忘了回话。

42．在干吗？

低情商接话：没干什么。

高情商接话：在想说什么才能让你开心。

43．你怎么总是不回我消息？

低情商接话：抱歉，有点忙。

高情商接话：爱是想触碰又收回的手，每次想要和你说话，却抑制不住自己的忐忑和紧张。

44．晚安。

低情商接话：晚安。

高情商接话：请穿好睡衣，不然被我梦见会很尴尬。

45．我要吃饭了。

低情商接话：好，你先去。

高情商接话：多吃点，最好胖到没人要，这样你就只属于我一个人了。

46．抱歉，有点事，迟到了。

低情商接话：你怎么才来？

高情商接话：太好了，你总算来了！我们可以开始约会最精彩的部分了。

47．好累呀！

低情商接话：那早点休息。

高情商接话：在我脑子里跑了一整天，不累才怪！

48．你想要什么礼物？

低情商接话：不用送什么礼物。

高情商接话：你就是上天赐给我的最好的礼物。

49. 你很忙吗？每条信息都回得这么慢。

低情商接话：确实很忙。

高情商接话：跟心爱的人聊天当然要字字斟酌。

50. 你这么优秀，怎么还找不到对象？

低情商接话：可能我要求太高了。

高情商接话：优秀的人都像你一样忙着夸我，哪有时间谈恋爱啊！

51. 你怎么还不结婚？

低情商接话：这不没有对象吗？

高情商接话：这不是在等你来娶我吗？

52. 你越来越胖了。

低情商接话：你嫌弃我？

高情商接话：多长点肉抱起来更舒服。

53．我不太会聊天。

低情商接话：多聊聊就好了。

高情商接话：不是不会聊，只是没碰到合适的人，你看我们聊得多好！

职场应酬

54．张总和李总你更喜欢谁？

低情商接话：我还是更喜欢李总。

高情商接话：对领导怎么能用“喜欢”呢？应该用“尊敬”，两位领导我都很尊敬。

55．你最近工资涨了不少吧？

低情商接话：还行。

高情商接话：反正没有体重长得多。

56．你一个月工资多少？

低情商接话：你问这个干吗？

高情商接话：不多，不到一个亿吧！

57. 你奖金最高，请大家吃顿饭呗！

低情商接话：我自己赚的钱，为什么要给你们花？

高情商接话：我再攒一攒，争取给大家每人买一套房。

58. 这个项目你能行吗？

低情商接话：应该行吧？

高情商接话：我很感兴趣，虽然有一定挑战，但我会全力以赴。

59. 你为什么不换个工作呢？

低情商接话：找工作太麻烦了。

高情商接话：这不是舍不得你们这群可爱的同事嘛！

60. 你工作效率真高！

低情商接话：还好吧。

高情商接话：和你这样优秀的人一起工作，不自觉就会努力跟上节奏。

61．你的工作状态真好，可以传授一下经验吗？

低情商接话：我只是尽力而为。

高情商接话：在这个高效的精英团队中，自然会受到感染，更加积极。

62．你真有才华。

低情商接话：哪里哪里。

高情商接话：遇到赏识我的人，我的才华才能发挥出来。

63．你的想法很有创意。

低情商接话：偶然想到的而已。

高情商接话：和你们这些聪明人在一起工作，不知不觉就被影响了。

64．你的工作看起来很轻松啊！

低情商接话：没有，其实很累的。

高情商接话：那是因为我热爱我的工作，所以看起来游刃有余。

65．你怎么能在这么多项目中游刃有余？

低情商接话：我已经习惯了。

高情商接话：因为有你们这些出色的同事，让我觉得每个挑战都充满可能。

66．最近工作好累呀！

低情商接话：谁说不是呢？我也好累。

高情商接话：确实挺辛苦的，不过你每次都能出色完成，真是厉害！要不要一起去喝杯咖啡放松一下？

67．你的工作完成得很好。

低情商接话：还好吧。

高情商接话：谢谢你的肯定，这个项目是我们一起努力的成果，其中也少不了你的功劳。

68．你这个月的业绩真是糟透了。

低情商接话：我已经尽力了。

高情商接话：谢谢您的反馈，这对我很有帮助。我会认真改进的，您有什么具体建议吗？

69. 我都没想到，这单生意就这样谈成了，哈哈！

低情商接话：嗯，你真厉害。

高情商接话：你的成就真是令人钦佩！能分享一下你成功的经验吗？我相信在座的每个人都能从中获益。

70. 大厅的发财树怎么死了？

低情商接话：可能是缺少阳光吧。

高情商接话：老板，您要发财啦！树都羡慕死了。树死了，就剩发财了。

71. （被领导问及职务外的工作）最近流量怎么样？

低情商接话：这不是我负责的。

高情商接话：我立刻联系直播部门的小王，让他半小时内向您汇报。

72. 你们的产品价格太高了。

低情商接话：哪里高了？

高情商接话：以您的身价，我给您拿便宜的，估计您也看不上吧！

73.（销售被客户敷衍）好，我再考虑考虑。

低情商接话：有意向的话请务必联系我。

高情商接话：看来您还是比较重视我们的产品的，确实需要慎重考虑。可以告诉我您考虑的是价格还是效果吗？您直说我不会介意的。

74.（公司聚餐，点菜受到领导表扬）今天的菜点得不错。

低情商接话：多谢领导夸奖。

高情商接话：主要是领导您选的地方好，这菜怎么点都不会出错。

75.（被领导或客户调侃）和美女吃饭，还没喝酒就醉了。

低情商接话：那您少喝点。

高情商接话：跟您一起吃饭，还没沾到酒就先沾到光了。

76. 你的酒量真好，真能喝！

低情商接话：哪里哪里。

高情商接话：还不是因为“酒逢知己千杯少”？要不是有你陪着，我哪能喝这么多？

77．干杯！

低情商接话：抱歉，我不会喝酒。

高情商接话：好，干杯就干杯！不过我得先检查一下我的杯子里是酒还是饮料，是饮料我才能全力以赴。

78．喝！我没喝多，我还能再喝！

低情商接话：你喝太多了。

高情商接话：今天真是尽兴啊！要不我们休息一下，喝点茶解解酒？

79．这菜怎么样？对你的胃口吗？

低情商接话：都行，我不挑食。

高情商接话：我相信在座各位的品味，点什么我都爱吃。不过您有什么推荐的吗？我很想尝尝您的最爱。

80．这道菜不是这样吃的。

低情商接话：不好意思，我不太懂这个。

高情商接话：看来我对这种高雅的用餐方式还不够熟悉。能请您指点一下正确的做法吗？我很想学习。

被人称赞

81．你真有气质。

低情商接话：谢谢。

高情商接话：我这点儿气质，跟你的眼光相比不值一提。

82．你长得真漂亮。

低情商接话：谢谢。

高情商接话：你不光人长得漂亮，说话也很漂亮。

83．你真的很特别。

低情商接话：哪里特别？

高情商接话：因为遇到了特别的你，所以我才显得特别。

84．你今天心情不错啊！

低情商接话：还行吧。

高情商接话：遇到你怎么可能心情不好呢？

85. 你好像每天都这么开心啊！

低情商接话：是吗？我怎么没觉得？

高情商接话：因为我身边有你这样的朋友啊！

86. 你真是乐于助人。

低情商接话：应该的。

高情商接话：还不是跟你学的，你不知道自己有多么善良吗？

87. 你的观点很有意思。

低情商接话：可能吧。

高情商接话：那是因为和你交流，总能激发我的灵感。

88. 你真有耐心。

低情商接话：习惯了。

高情商接话：对待重要的人和事，耐心自然就来了。

89．像你这么自信的女人，真令人羡慕。

低情商接话：我很自信吗？

高情商接话：因为身边有你们这些优秀的人，我也想成为让你们骄傲的朋友。

90．你真是个有趣的人。

低情商接话：谢谢夸奖。

高情商接话：那是因为遇到了懂我的人，我才能展现最有趣的一面。

91．你怎么什么都会一点？

低情商接话：平时喜欢学习。

高情商接话：世界那么大，总想多了解一些，才能和你们聊得来嘛。

92．你好像很少生气。

低情商接话：脾气就这样。

高情商接话：和你们在一起，哪有心思生气？开心都来不及呢！

93．你最近好像变苗条了。

低情商接话：我以前很胖吗？

高情商接话：那是因为我把多余的肉都长到心里去了，所以对朋友更贴心了。

94．你的生活真是丰富多彩啊！

低情商接话：还好吧，就那样。

高情商接话：因为身边有你们这些朋友，我的生活才变得丰富多彩。

95．你怎么总是这么乐观？

低情商接话：习惯了吧。

高情商接话：因为我知道无论遇到什么，都会有像你这样的朋友支持我。

96．你真是个完美主义者。

低情商接话：有时候也挺累的。

高情商接话：那是因为我想做最好的自己，这样才配得上你们这些优秀的朋友。

97．你真的很会倾听。

低情商接话：我听力还不错。

高情商接话：因为你说的每句话对我来说都很重要啊！

98．你真是个暖心的人。

低情商接话：还好吧。

高情商接话：那是因为你们的友善感染了我，让我也想成为暖心的人。

99．你真有主见。

低情商接话：我就是这样的人。

高情商接话：那是因为有你们这些懂我的朋友，我才敢表达自己的看法。

100．你的想法真是与众不同。

低情商接话：可能我比较特别吧。

高情商接话：那是因为和你们在一起，让我的思维更加开阔了。

101．你是怎么做到记住每个人的生日的？

低情商接话：我记性比较好。

高情商接话：你们每个人对我来说都很重要，我怎么能忘记呢？

102．你怎么做到在这么大压力下保持冷静的？

低情商接话：习惯了。

高情商接话：因为我知道无论发生什么，身边都有你们这些可靠的朋友。

103．你真是个细心的人。

低情商接话：还好吧。

高情商接话：对待重要的人和事，自然会格外用心。

104．你真是个值得信赖的人。

低情商接话：谢谢夸奖。

高情商接话：因为你们的信任对我来说很宝贵，我不想辜负。

105. 你怎么总是能在争执中调解矛盾的？

低情商接话：可能比较善于沟通吧。

高情商接话：因为珍惜每一段关系，不想看到身边的人因误会而疏远。

106. 你的演讲总是很吸引人。

低情商接话：可能我口才还行吧。

高情商接话：那是因为台下有你们这些优秀的听众，给了我很大的鼓舞。

107. 你真是个懂得生活的人。

低情商接话：还好吧，就是喜欢尝试新事物。

高情商接话：生活中有你们这些好朋友，怎能不好好享受呢？

108. 你怎么总是能在谈判中占据主动的？

低情商接话：可能是经验丰富吧。

高情商接话：其实是因为彼此互相尊重，我相信我们一定能达成双赢。

109．你懂得这么多，学历一定不低吧！

低情商接话：哪里，并没有多高。

高情商接话：学历只是一张纸，重要的是学到的东西。我现在还在不断学习呢！

被人吐槽

110．你的个头有点矮。

低情商接话：你才矮呢！

高情商接话：这不是为了凸显你的高度吗？

111．你晒黑了不少。

低情商接话：你白，你白，行了吧！

高情商接话：我故意的，因为我不想做个“肤浅”的人。

112．我觉得你有点高冷。

低情商接话：我性格就这样。

高情商接话：那看来我得多和你聊聊天，让你感受下我的热情。

113．你今天穿得真随意。

低情商接话：随便穿的。

高情商接话：在你面前，我觉得做最真实的自己就好。

114．你的电话怎么总是打不通？

低情商接话：哦！我忘记交话费了。

高情商接话：最近在谈一个100块的大生意，资金不够，欠费了。

115．今年的情人节你又是自己过的吗？

低情商接话：不然呢？

高情商接话：爱自己是终身浪漫的开始。

116．（在KTV）你怎么把我歌切了？

低情商接话：抱歉，我点错了。

高情商接话：啊？有人唱啊！我还以为是原唱，没人唱我才切的。

117. 你这身衣服真土！

低情商接话：那是你不懂欣赏。

高情商接话：这叫“复古风”，追求的是经典与永恒，而不是过眼云烟的时尚。

118. 你怎么不去相亲？

低情商接话：家人介绍的太无聊了。

高情商接话：也许我还不够优秀，配不上那些帅小伙。你那里有能适配我的好人选吗？

119. 你怎么还不买房？

低情商接话：没钱。

高情商接话：这个目标还处在策划阶段，你有什么好的置业建议吗？

120. 你的银手镯好像是假的。

低情商接话：不可能，是你羡慕嫉妒恨吧！

高情商接话：这么便宜的东西还会有假的吗？